日本語のオノマトペ
音象徴と構造

浜野 祥子

くろしお出版

まえがき

　言語活動では、個々の音ないし音素は、語彙の意味の弁別や情報の伝達のための恣意的な記号の集まりの一部としての使用の他に、個別の音そのものが特定の意志や感情を表現したり、聞き手の興味をひきつけたりするために利用される。これを音象徴的機能と呼び、これには、いわゆるあいづちなどで非語彙的な音を使用したり(Ward 1998, 2001)、人の話し方や動物や事物の音の特徴をまねしたりすることが含まれる。

　音をこのように使うことの1つのメリットは、言語的な情報の伝達の妨げにならずに、同時またはほぼ同時に異種の情報を流せることにある。この際、異種の情報とは、言語的に流される情報を補うこともできれば、それを否定することもできる。例えば、同じ「はい」でも積極的なのか、いやいやなのかをピッチの特徴によって表現することができる。また、「ははー、へー、ほー」に見られるように、/h/ を使って相手の考えに注目していることを示し、「ふむ」に見られるように鼻音を使って、考慮中であることを表現したりすることができる(Ward 1998)。このような場合、情報処理のしやすい、単純で非常に短い音が会話の流れを助けている。この種の音象徴的な音の使い方は日本語だけに限られたことではなく、英語についても同じ様な音と意味の対応が報告されている(Ward 2001)。

　音象徴的機能は、こうして、オノマトペの体系外にも、存在するわけだが、特に日本語のオノマトペは、これを組織的に体系化した語彙システムだと言える。オノマトペを使うことのメリットも、抽象化された一般語彙が流せないような情報を、短時間で流せることである。それは、オノマトペが音の直接的なイメージ喚起力に頼っており、しかも語彙を形成する様々な要素が意味のユニットとして使われているからである。確かに、1つの状況はオノマトペを使わなくても、表現できる。だが、「風がピューっと吹いてきた」とか「彼はキョロキョロとあたりを見回した」を「ピューっと」や「キョロキョロと」を使わずに説明しようとしたら、いかに面倒かを考えれば、オノマトペの効率を認めざるをえないだ

ろう。オノマトペが、「生き生きとした描写」であるとか「臨場感」があるとか言う印象は、1つには、この効率のよさによっているのだと考えられる。このような情報を伝える上でのオノマトペの有効性については最近では、工学や医学の領域でも認められている（篠原・宇野 2013）。

　しかし、日本語のオノマトペの特徴は、情報を効率よく伝えるために有効だというだけではない。一般に、オノマトペは、言語的な核の外側に存在すると思われているが、日本語のオノマトペの場合、日本語の構造と切っても切れない関係にある。1986 年に本書の著者が英語の博士論文（Hamano 1986）で日本語のオノマトペの音韻的な特徴を体系的に扱って以来、様々な研究者が日本語のオノマトペの音韻的、統語的な特徴などを明らかにしてきている。それは、おどろくべき整合性に満ちている。本書の目的は、そのようなオノマトペの構造的な美しさと歴史的なバイタリティを一般に理解してもらうことである。

　今回本書を書くに当たり、著者が 1998 年に出版した英語論文（Hamano 1998）の大筋の方向は踏襲することにした。というのは、この論文には、16 年たった今でも有効な記述や分析が含まれており、その主な主張を日本語に書き直すことは、現時点でも、価値のあることだと、判断したからである。ただ、その構成が、オノマトペを実際に使っている日本の読者に意味のある構成であったとは言いがたい。そこで、本書は、より日本の読者に意味のある構成にしたつもりである。また、この 16 年の間にはより優れた分析も出てきているし、著者もそれに触発されて分析を変えたり、方言研究に基づいて独自の分析を加えたりしたところもある。つまり本書は 1998 年の論文の日本語訳ではない。読者が、本書を読んでオノマトペの深さを認識し、特に御自身の方言におけるオノマトペについて考える際の参考にしていただければ、幸いである。

　本書の第 4 章の執筆にあたっては、岐阜工業高等専門学校の菅原崇氏とのディスカッションに触発されたところが大いにあった。また、くろしお出版編集部の池上達昭氏には、多岐にわたり非常にお世話になった。心からお礼を申しあげたい。

目　次

まえがき i

第 1 章　オノマトペの構造的特徴の概観

1.1　オノマトペの認定における無声両唇破裂音 /p/ と方言の役割 2
1.2　オノマトペの 2 種類の語根 5
1.3　副詞用法に現れるオノマトペの形態 13

第 2 章　オノマトペの基本的な音象徴

2.1　子音の基本的な音象徴 20
　　2.1.1　阻害音の有声無声の対立　20
　　2.1.2　両唇破裂音 /p, b/　22
　　2.1.3　歯茎破裂音 /t, d/　25
　　2.1.4　軟口蓋破裂音 /k, g/　28
　　2.1.5　歯茎摩擦音 /s, z/　32
　　2.1.6　歯茎鼻音 /n/　33
　　2.1.7　硬口蓋接近音 /y/　34
　　2.1.8　両唇または声門摩擦音 /h/　35
　　2.1.9　両唇接近音 /w/ ないしは母音ではじまるもの　36
　　2.1.10　両唇鼻音 /m/　37
　　2.1.11　歯茎弾き音 /r/　38

　　　　2.1.12　口蓋化　38
　　　　2.1.13　まとめ　39
　　2.2　母音の基本的な音象徴 41
　　　　2.2.1　CV タイプの語根に現れる母音の音象徴　41
　　　　2.2.2　CVCV タイプの語根に現れる母音の音象徴　46
　　2.3　その他の音象徴 51
　　　　2.3.1　二重母音 /ui/ と /oi/　51
　　　　2.3.2　拍の挿入　51
　　　　2.3.3　接中辞「ッ／ン」　55
　　　　2.3.4　長音化　56
　　　　2.3.5　重複　57
　　　　2.3.6　接尾辞「リ」　57
　　　　2.3.7　アクセント　58
　　2.4　オノマトペはどこまで擬音語か 60
　　　　2.4.1　CV タイプの語根から派生する擬音語　61
　　　　2.4.2　CVCV タイプの語根から派生する擬音語　65

第 3 章　オノマトペの意味の拡張

　　3.1　メタファーによる CVCV タイプの意味の拡張 73
　　　　3.1.1　視覚から認識への拡張　74
　　　　3.1.2　言葉に関するメタファー　75
　　　　3.1.3　物をはめる行為から抽象的なはめる行為への拡張　75
　　　　3.1.4　物に当たることから物事に対処することへの拡張　76
　　　　3.1.5　物への接触から抽象的な対人関係への拡張　76
　　　　3.1.6　物の回転移動から状態の変化への拡張　77
　　3.2　メトニミーによる CVCV タイプの意味の拡張 79
　　3.3　異形のタイプ別に見られる意味の拡張の傾向 83
　　3.4　CV タイプの意味の拡張 86

第 4 章　オノマトペと一般語彙

- 4.1　一般副詞化したオノマトペ 98
- 4.2　一般語彙に見られる音象徴 104
- 4.3　オノマトペ起源と見られる動詞 105
- 4.4　オノマトペから派生する「する動詞」...................................110
- 4.5　オノマトペから派生する「めく動詞」と「つく動詞」...............118
- 4.6　オノマトペの形容詞的用法...120

第 5 章　オノマトペの音韻制約と音象徴

- 5.1　有標の構造と無標の構造の競合 124
- 5.2　韻律的な鋳型の存在 128
- 5.3　その他の音韻制約..131
- 5.4　オノマトペの音象徴と音韻制約の関係..................................132

第 6 章　オノマトペと日本語の音韻変化

- 6.1　オノマトペに見られる弁別的な口蓋化..................................138
  - 6.1.1　口蓋化の意味　138
  - 6.1.2　口蓋化の分布　140
  - 6.1.3　口蓋化の音韻論的説明　144
  - 6.1.4　漢語および和語との比較　148
- 6.2　両唇破裂音 /p, b/ の問題...151
  - 6.2.1　オノマトペの阻害音の有声無声の対立　152
  - 6.2.2　両唇破裂音 /p, b/ の特殊性　154
  - 6.2.2　母音間の有声両唇破裂音 /b/ の音韻史的説明　157
  - 6.2.3　音韻変化での音象徴の役割　159

おわりに 161
参考文献 163
索　引 167

第 1 章　オノマトペの構造的特徴の概観

本書では、オノマトペという言葉で、日本語のいわゆる擬音語、擬声語、擬態語、擬容語、擬情語全体を指すことにする。本章の目的は、第2章以降で展開するオノマトペの考察に不可欠な基本的な構造的特徴の記述である。具体的には、オノマトペの認定での無声両唇破裂音 /p/ と方言の役割に触れた後、オノマトペの2つの語根タイプを明らかにし、さらにオノマトペがどのような形態でどのように使われるかの概略を記述することにする。

　本書では、一部を除いて、オノマトペは、ひらがなや音声記号ではなく、カタカナで表記する。

1.1　オノマトペの認定における無声両唇破裂音 /p/ と方言の役割

　外国語のオノマトペを研究する場合、最初の難関は何をオノマトペと判断するかの基準が曖昧なことである。日本語のオノマトペ研究では、その点、1種の偶然が幸いしている。オノマトペが最も研究されているのは、共通語(あるいは、東京方言)であるが、その共通語で、無声両唇破裂音 /p/ は、外来語を除いては、オノマトペにしか現れない。つまり、/p/ を語頭に持つ「パッ、パタパタ、ポロポロ、パタリ」などの語彙は、確実にオノマトペだと言える。

　しかも、これらの語彙は、オノマトペの体系の中で、量的にもかなりの比重を占める。オノマトペの語頭に起こりうる子音は、/p, b, t, d, k, g, s, z, h, m, n, y, w, (r)/ であるが、例えば、浅野(1978)の辞典にあげられた1,600ほどのオノマトペのうち、約6分の1が /p/ を語頭に持つ。また、Kakehi et al.(1996)のオノマトペ辞典でも、約7分の1の紙数を、/p/ を語頭に持つオノマトペにさいている。/p/ を語頭に持つオノマトペの比重は、非常に大きい。

　/p/ を語頭に持つオノマトペが日本語のオノマトペの中核にあることは、その音韻特徴からも確認できる。オノマトペ一般であまり見られないパターンは、/p/ を語頭に持つものには、全く見られないのである。例えば、オノマトペでは、一般に語根の第2子音に有声阻害音が現れにくいが、/p/ を語頭に持つものには、このパターンは全く現れない。

つまり「*パダ」というような語根は、存在せず、「*パダパダ」とか「*パダッ」とか「*パダリ」のようなオノマトペはありえない（「*」は、許容されないことを示す）。また、その結果/p/を語頭に持つものでは、語中に拍を挿入する強調形にも違いが現れ、「*パンダリ」といった形態はありえない。また、「*パタバタ」のような連濁もない。このことは、共通語に限らないらしい。例えば、津軽方言でも、「ウジャウジャ、オドオド、ズドン、ニグニグ」などはあるが、「*ピダピダ」、「*ピンダラ」、「*ピタビタ」のようなものはない。そこで、/p/を語頭に持つ語彙の構造をまず調べれば、オノマトペの基本的な特徴が一応把握できるわけである。本書はこの方針にそっている。これが、本書の第1の特徴である。

　ただ、誤解を避けるために強調しておくが、このことは、むろん、他の音を語頭に持つオノマトペを無視していいということではないし、他の音を語頭に持つオノマトペより/p/を語頭に持つオノマトペの方が、より典型的なオノマトペだと言っているわけでもない。

　日本語の音韻史上、ハ行の退化現象（唇音の弱化）は重要な位置を占め、一般語彙では、母音間の唇音性が失われ続けている（Frellesvig 2011）。しかし、この強い流れに逆らって、オノマトペでは母音間の両唇破裂音が摩擦音に変わらなかった。これは、第6章で説明するように、/p/の音象徴を犠牲にすることができなかったからである。語頭の/p/がオノマトペに残ったのも、同じく、/p/の音象徴を犠牲にすることができなかったからである。この点で、/p/を語頭に持つ語は、オノマトペとして信頼してよい。しかし、もし、仮に日本語で「カ行退化現象」とでも言うような歴史的変化があったならその時には、語頭の/k/が、オノマトペだけに残って、その結果/k/を語頭に持つものを使ってオノマトペの基本的な特徴を把握できたに違いない。現在/k/を語頭に持つオノマトペは、日本語の歴史の中で、/p/を語頭に持つもののように流れに逆らわなくてよかったというだけで、それ自体のオノマトペとしての特徴が弱いということではない。つまり、/p/を語頭に持つ語彙をまず調べればよいというのは、オノマトペとして、確定しやすいも

のが幸いにもあって、それから分析を開始することが可能だということにすぎない。単に偶然のもたらした幸運なのである。しかし、いずれにせよ、/p/ を語頭に持つ語彙をまず調べるという方針は、循環論を避け、客観的にオノマトペの範疇を定めるのに適している。もしその後、他のオノマトペにおいて異なる特徴が見出されれば、/p/ との比較で問題を検討すればよい。

　本書の第2の特徴は、共通語だけでなく、津軽方言のオノマトペも視野に含めていることである。著者は、常々、日本語のオノマトペを理解するためには、方言も視野に含めなくてはならないと主張してきた（Hamano 2000; 浜野 2013）。共通語だけでは、一般化ができないこともいろいろあるからである。特に、方言資料は欠けたパラダイムを補ってくれる貴重な存在である。例えば、共通語の「ソックリ」は、これだけを見ている限りは、オノマトペだとは分かりにくく、「ソク」がオノマトペの語根だとは断定しにくい。しかし、第3章で見るように、津軽方言では、オノマトペの語根「ソク」は、共通語の「サク」と同様の「切れ味よく、すくいとる様子」という意味があり、しかも、「ソック（ど）、ソクソク、ソクッソク、ソックソク、ソックラ」のような異形がある（佐々木 1972）。このことから、共通語の「ソックリ」も、「ソク」から派生したオノマトペだと考えられる。このように、方言資料は、共通語のオノマトペで欠けている部分を補ってくれるはずである。

　以下では、上述の、/p/ を語頭に持つ語彙をまず調べるという方針のもとに明らかになった構造的特徴の大要を述べ、オノマトペの2種類の語根、主な用法について説明する。その際、例は、/p/ を語頭に持つものを中心にして、その他のものも適宜含め、必要に応じて津軽方言の例もあげる。ただし、特別な断りのない例は共通語の例である。津軽方言の例は、資料提供者であった故佐々木隆次氏（1935-2003）の例によっている。もちろん、間違いのある場合は、著者の責任である。音象徴的な音と意味の対応については、第2章にゆずる。

1.2　オノマトペの2種類の語根

　オノマトペの語根は、基本的に、共通語でも津軽方言でも、「パン、パッ、パパッ、ガンガン、ガーッ」などを形成するグループと、「ピクリ、ピクッ、ピクピク、ガタン」などを形成するグループの2つに分かれる。Hamano (1998) では、前者は、「パ」や「ガ」であるとして、CVタイプの語根（Cは子音を、Vは母音を表す）と呼んだ。また、後者は、「ピク、ガタ」のように、子音、母音、子音、母音の連鎖から成るとして、CVCVタイプの語根と呼んだ。（ただし、はじめのCは、現れない場合もある。）本書では、この2種類の語根から形成されるオノマトペも2つに分け、それらも、CVタイプ（のオノマトペ）、CVCVタイプ（のオノマトペ）と呼ぶことにする。

　この分析によって、オノマトペの語根のタイプが区別されていなかったために気がつかれていなかった、種々の音象徴構造の特徴や音韻上の制約を、明確に捉えることができるようになった。その点で、CVタイプ、CVCVタイプの区別は、オノマトペの研究を一歩前進させたと言える。

　例えば、それまで「パサッ」と「ササッ」を区別できなかったのを、「パサ＋ッ」対「サ＋サ＋ッ」として、全く違う構造に分析できるようになった。つまり、前者は、CVCVタイプのオノマトペであり、後者は、CVタイプの重複形オノマトペである。この2つのタイプを区別することによって、語根の音素の配列に関する様々の制約が明らかになってきた。例えば、CVCVタイプの語根で、同一の子音が第1子音（C_1）と第2子音（C_2）の双方に現れるものは、第2章で見るように、「カッキリ、クッキリ」など /k/ を含む「リ形」に限られるということが分かった。一方、CVCV-CVCVタイプのオノマトペ、すなわちCVCVタイプの重複形では、このタイプは、いずれの子音の場合でも、全く存在しないことが確認できた。

　さらに、「ザザッ、ググッ」のように語の内部に有声阻害音が現れるものは、CVタイプの語根の組み合わせと見なせることになり、CVCVタイプの語根で内部に有声阻害音が現れるものを、「クド、ギザ、グズ」など極少数に限定できることになった。これにより、第6章で扱う C_2

に /b/ を持つ語根も特殊なタイプとして扱うことができるようになり、それまではありえなかった分析が可能になった。同じく、第6章で扱う口蓋化の分布に関しても、CVとCVCVタイプを区別することで、はじめて適切な一般化ができるようになった。

　さて、それでは、CVタイプとCVCVタイプの語根の特徴を見よう。まず、大まかに言えば、CVタイプは、CVCVタイプに比べて、声や物音をまねた擬音語ないしは単純な運動を具象的な音象徴で表した擬態語が多く、加えられる造語法が限られている。一方、CVCVタイプは、物や運動の描写に限らず、感情や態度を示すものが多く含まれ、音と意味の間により抽象的な関係があるという点で、また、接尾辞をとって動詞を派生するという点からも、普通の語彙に近い。音韻論的にも、上で指摘したように、CVCVタイプはCVタイプを2つ組み合わせたものではなく、別個の内部構造を持っているので、この2つは、はっきり区別する必要がある。次にそれぞれの特徴をあげる。

　CVタイプの語根の大半は、「パッ」の「パ」や「キーン」の「キ」など、子音と母音の組み合わせてあり、子音 /p, b, h, t, d, s, z, n, r, k, g, w/ と母音 /i, e, a, u, o/ の組み合わせのほとんどが可能である。加えて、「オンオン泣いた」に含まれる「オ」のように、語根の頭に子音が現れず、母音だけから成る語根も含む。その他の組み合わせとしては「ピョ、シュ」等、/p, b, h, t, s, z, k, g/ の子音が弁別的に口蓋化した、いわゆる開拗音から成る語根がある。これらは、一般の語彙と同じく母音は /u, o, a/ に限られる。

　CVタイプの語根「ピ」や「グ」は、後でも見るように、CVの形のままで使われることはなく、「ピー、ピッ、ピン、グー、グッ、グン」のように普通何らかの語尾を伴い、2拍の形で現れる。これは、単語としてのオノマトペは、韻律論でフットと呼ばれる2拍の鋳型を満たさなければならないからである。さらに、CVタイプの語根は、語根と語尾の間に意味の関連があることが多く、CVCVタイプの語根と違って、構成部分間の独立性が弱い（第2章を参照）。これは、CVタイプの語根を含む表現のほとんどが音や単純な運動と模倣的な関係にあり、言語的

な分析性が一般語彙や CVCV タイプに比べて弱いからだと見られる。

　その結果、CV だけでは、語根として認識されにくく、CVX（CVC または CVV のこと）という形を語根と捉える見方もあるが、本書では、あえて CV を語根と見なしておく。それは、「ポン」と「ポタン」の「ン」、「ポッ」と「ポコッ」の「ッ」に連続性が見い出され、また例えば「ピピッ」と「ピクピクッ」などの平行性も「ピ」と「ピク」を語根と見れば、捉えやすいからである。しかし、CVX という語根を認める考え方にも、利点はある。というのは、CV タイプは、CVCV タイプのような分析性に乏しく、形態素の独立性が弱く、特に、第 2 章で見るように、撥音「ン」が独立の形態素として加えられるとは考えにくい部分があるからである。また、韻律構造および語形成の観点から、CVX の方が望ましいという観点もある（那須 2002）。にもかかわらず、本書では、CV と CVCV という分け方をしておく。（言い換えれば、本書では、語根のレベルでは、韻律構造は問題にならず、音素だけが指定されているという立場をとることにする。つまり、語根は、音素の集まりとし、韻律論上の拍という概念を語根にはあてはめないことにする。）もっとも、CVX を語根と見ても、本書の主張に重大な影響は及ぼさない。重要なのは、CV あるいは CVX と CVCV の 2 種のグループを区別することである。

　さて、オノマトペは CV と CVCV タイプの語根から成るという考えに基づいて説明を続けると、典型的な CV タイプのオノマトペの語根は、次のような意味構造をなしていると言うことができる。

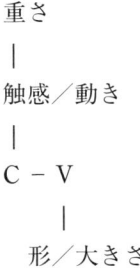

この図は、CV タイプの語根では、子音が運動する物体の重さと触感および運動のタイプ、母音が運動の範囲の形と大きさを意味するということを表している。

次の図は、典型的な CVCV タイプの語根の意味構造である。

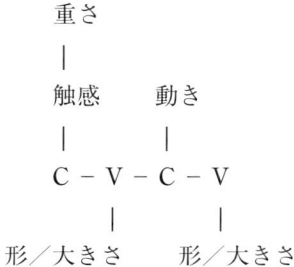

この図は、典型的な CVCV タイプの語根では、第 1 子音が運動する物体の重さと触感を表すのに対し、第 2 子音は運動のタイプを表し、また、第 1 母音は、運動のはじめの運動の形や物の大きさ、第 2 母音は、運動の終わりの運動の形や大きさを表すということを示している。

具体的な例をいくつかとると、「パンと叩いた、パンと割れた」の「パ」/pa/ は、/p/ によって、「緊張した薄い表面への（あるいはそのような表面による）軽い打撃」、または、「緊張した薄い表面の軽い破裂」を示し、/a/ によって、「物または運動の広がり」を示している。「パッとひらいた、パッとひろがった」などでも、「破裂して広がるような運動」を /pa/ という組み合わせで表している。（「ン」と「ッ」の働きは、後述する。）また、「ドンと叩いた」の「ド」/do/ は、/d/ によって、「力強く板のような表面を叩くこと」を示し、/o/ によって、「叩く道具が（平手ではなく）こぶしのようなものであること」を示している。

一方「プクッと膨らんだ」の「プク」/puku/ は、/p/ によって「軽くて膨れたもの」を、2 つの /u/ によって「突出とその結果としての突起」を、/k/ によって「外への運動」を示している。また、「キラキラ光る」の「キラ」/kira/ は、/k/ によって「軽く固いもの」を、/i/ によって「放

射する線」を、/r/ によって「流動的な運動」を、/a/ によって「広がり」を示している。

　このような音と意味のつながり方に関してはさらに第 2 章で詳しく検討するが、ここで若干 CV タイプの語根をもとにしたものと CVCV タイプの語根をもとにしたものを比較しておく。

　まず、CV タイプは、CVCV タイプより模倣性が高いという点について具体的な例をあげる。例えば、両唇または声門摩擦音の /h/ は、CV タイプでは、「フーン、ハッ」のように、常に「空気の流れ、息」という、/h/ の音の音声的な性格に対応する意味を持つが、CVCV タイプでは、普通、「花びらがハラハラこぼれ落ちた」のように、「優しさ、上品さ」という価値的な意味を持つ。（ひょっとすると、「ハラハラ見守る」の「ハラハラ」には、「息（をとめる）」という意味もあるかもしれないが、そうだとしても、それは、唯一の例外である。）

　類似した意味を持つ CV タイプと CVCV タイプを比べても、その間には違いがあり、CV タイプが擬音語であっても、類似する CVCV タイプは、厳密な意味で擬音語でないことが多い。例えば「ワーワー、ワンワン」など CV の /w/ は動物や人間の感情的な大声を表すのに対し、「ワサワサ」や、「ワクワク」など CVCV のものでは、動揺する状況を表す。つまり、前者は、擬音語であり、後者は擬情語である。このような例は多い。津軽方言から例をとると、「ゲー」と「ゲク」はどちらも、吐くことに関係し、「ゲーゲー吐く、ゲクゲク吐く」と言えるが、「ゲーゲーと言って吐く」と言えるのに、「*ゲクゲクと言って吐く」とは、言えない。前者が擬音語であるのに、後者は擬態語だからである。

　擬音語か擬態語かという違いは、表す事態の複雑さの違いとしても、捉えることができる。一般に、CVCV タイプの語根からできた方が CV タイプの語根からできたものより、形態の複雑さに対応して意味の上でも複雑な事態を表す。例えば、「パンと割れる」と「パカンと割れる」を比較してみよう。「パン」/paN/ の方は「薄い表面の破裂とそれに伴う音」を意味する。先に見たように、/p/ が「膨れて緊張した表面の軽い破裂」を示し、/a/ が「運動の広がり」を示し、「ン」/N/ が「余韻、

反響」を示すからである。これに対し、「パカン」/pakaN/ の方は、「緊張した表面が割れて中が見えるようになり、割れた部分がしばらく揺れている」という、より複雑な出来事を意味する。この意味は、/p/ が持つ「緊張した表面」の意味、/a/ が持つ「運動の広がり」という意味、/k/ が持つ「外への運動」という意味、「ン」が持つ「反動」という意味の合成から成っているが、注目すべきことは、「パン」の持つ、「膨れて緊張した表面の破裂」という意味が「パカン」にはないことである。すなわち、「パカン」の /p/ は、「緊張した表面」という意味は保持するが、運動に関する「膨張、破裂」という意味の表出は抑えられている。

　これは、より一般化すれば、CVCV タイプの語根の内部では、子音は位置によって、「触感」と「運動」という意味に分化しているということになる。子音本来の持つ音象徴の一部が位置によって表出を抑えられた結果、同じ音でも位置によって意味が違うのである。/p/ 以外にも、/k/ は、第 1 子音 (C_1) では「硬質の表面」という意味を持つが、第 2 子音 (C_2) では「中から外、下から上といった運動」を示し、「硬質の表面」という意味はない。金属の鍋のふたの上に水滴が落ちても、「*水が鍋のふたにポカポカ落ちた」と言うわけにはいかず、「水が鍋のふたにポタポタ落ちた」と言わなければならないのはそのためである。

　C_1 と C_2 の分化は、「壁をコツコツ叩いた」と「酒をトクトク注いだ」の /k-t-/ と /t-k-/ の対立にも現れている。どちらも、母音は /-o-u/ であり、同じ子音の順番が違うだけである。それにもかかわらず全く意味が変わってしまうのは、位置による意味の分化のためである。すなわち「コツコツ」の /k-t-/ は、「硬いものを叩くこと」を意味するのに対して、「トクトク」の /t-k-/ は、「表面張力のないものが外または中へ動くこと」を意味している。（C_1 と C_2 の分化についてさらに詳しくは、第 2 章を参照されたい。）このように CVCV タイプは、CV タイプに比べて分析性が高い。

　さて、上では、CV タイプの 1 つの位置が、未分化の意味を受け持つ例を見た。加えて、CV タイプは、1 つの意味範疇を 2 つの位置が同時に受け持つこともある。その例としては、「プン」、「クン」などがあげ

られる。次にそれらを CVCV タイプと比較しよう。

　CVCV タイプの「カツン」や「ゴロン」の撥音「ン」は、前に現れる母音に関係なく、「反響音や運動の方向が変わること」を意味する。しかし、CV タイプの場合は、事情が少し違う。CV タイプの「パン、ポン、ピン」などでは、CVCV と同じく「ン」が「反響」を表すが、「プン」(におうこと)、「クン」(嗅ぎ回ること)、「フン」(鼻から音をたてること)のように母音の /u/ の後に「ン」が現れた場合は、「ン」の音声的特徴を反映して、「鼻に関係する」という、より模倣的な意味を示す。このように前の母音に依存して、しかも、模倣的な「ン」の使い方は、CVCV タイプでは、見られない。例えば、「パクン」/pakuN/ では、/u/ は、「狭くなったところ」、「ン」は「エネルギーが余ってさらに奥へ入ること」という意味を持っていて、「鼻」という意味はどこにもない。

　CV タイプと CVCV タイプは、運動の意味がどこまで詳しく指定されているかという点でも、違いがある。例えば、もう一度「パン」と「パカン」をこの点から見直してみよう。「パン」は、「パンと |割る／叩く|」のように、割る運動にも、叩く運動にも使える。一方「パカン」は、「パカンと |割る／*叩く|」から分かるように、割る運動には使えても、単純に叩く運動には使えない。C_2 の /k/ は、「中から外、下から上といった運動」を示すからである。「叩く」を「パカン」と使うには、「パカンと叩き割る」のように、複合動詞の前項にして、「割る」ための手段とするしかない。つまり、あくまでも「パカン」は「割る／割れる」のような、「内部が見えるようになる運動」と結びついているのである。同じコントラストは、撥音の代わりに促音を持った「パッ」と「パカッ」にも見られる。すなわち、「パッと |開ける／散る／投げる|」と「パカッと |開ける／*散る／*投げる|」でも、CVCV タイプの方に、より厳しい共起制限が見られる。

　「パ」と「パカ」のこの違いは、一般に、CVCV タイプの C_2 が特殊化した運動の意味を持っているのに対し、CV タイプの子音には、そのように細分化した運動の範疇を指定する能力がないことに起因する。この違いは、第 3 章で見るオノマトペの意味の拡張に関しても 2 つのタ

イプの違いとして反映されることになる。

　さて、CVタイプが模倣を主体とし非分析的であるのに対して、CVCVタイプは、分析的であると同時に意味の一部が表出を抑制されているということは、恣意性が入り込む余地がCVCVの方が高いということであろう。そして、恣意的であるということは、方言間で違いが出てくる可能性が高いということになるだろう。

　実際、CVタイプの語根は、「シ」と「ス」の対立、及び「チ」と「ツ」のコントラストが、津軽方言一般になく、オノマトペでも同様であることを除いて、共通語と津軽方言であまり、違いがない。一方、CVCVタイプでは、ことに子音において共通語と津軽方言の間に目立った音韻上の違いや意味の違いが現れてくる。いくつかの例をあげよう。

　第一に、有声音と無声音の分布に違いがある。共通語では、一般に有声音による意味の対立は C_1 に限られ、例えば、「ポキ」＜「ボキ」の順に強く、または重くなる。津軽方言では、有声音を使うことによって、例えば、「ポキ」＜「ボキ」＜「ボギ」というように3段階で意味を強めることが可能である。しかも、「タプ」＜「ダプ」＜「ダブ」などに見られるように、共通語では極めて稀な母音間の無声両唇破裂音 /p/ がこの現象に規則的に参加する。(この現象について詳しくは浜野(2013)を参照されたい。)

　また、CVCVタイプでは、津軽方言では使われるが共通語では使われない音がある。その代表は、鼻音化された破裂音や摩擦音である。これは、共通語の一般語彙の連濁(花＋花＝ハナバナ)に当たる鼻音化(花＋花＝ハナ°バナ)に現れる音と同じであり、オノマトペでは、「ウ°ザウ°ザ」や「マ°ゴマ°ゴ」のように使われる。

　さらに、CVCVタイプの場合、派生形のタイプにも共通語と津軽方言で違いが現れ、例えば、共通語の「ガックリ」に対して、津軽方言では「ガックラ」が普通である。

　CVタイプとCVCVタイプのこのような模倣度、あるいは逆に語彙度といった点での相違は、どのような語を派生できるかに関しても違いになって現れる。第4章で詳しく見るが、共通語の「パラつく、キラめ

く」、津軽方言の「ガクラめぐ、ノッタめがす」のような動詞を派生するのは、CVCVタイプの語根をもとにしたもので、CVタイプをもとにしたものにはない。これは、2拍または3拍の形態が必要だというような韻律上の制約とは、考えられない。何故なら、「ポン」や「ピー」など、CVタイプからなるCVXの形態でもこの派生過程には参加できないからである。

　以上、CVタイプとCVCVタイプの概要を見た。この分類は、以下に見るオノマトペの副詞形態の説明にも、基本的な分類として使われることになる。また、第3章のオノマトペの意味の拡張に関しても重要な役割を持つことになる。

1.3　副詞用法に現れるオノマトペの形態

　語根は、そのままでは文中に現れることができない。既に触れたように、一般に、CVタイプの語根は、2拍のフットCVXという韻律鋳型を満たさなければならないし、さらに、それを満たしたCVX、ないしは、CVCVタイプの語根も、そのままでは、文中に独立して現れることはできない。いくつかの造語法との組み合わせによって様々な形態で副詞、「する動詞」、「つく動詞」、形容(動)詞などとして、使われる。共通語での例は、それぞれ次の通りである。

» すいかがパカッと2つに割れた。(副詞用法)
» 課長は、部長にペコペコした。(「する動詞」)
» 汗で髪の毛がペタつく。(「つく動詞」)
» ピカピカの新車(形容(動)詞)
» シーツがパリパリに乾いた。(形容動詞の結果副詞用法)

津軽方言の例も次にあげておこう。

» ほっぺ、ブタッと実こはえてるのー。

　　　　　　　　　　　(ほっぺたが肥えているね。副詞用法)

» <u>ピラピラ</u>すて、みにぐえな。

　　　　　　　　　　　（小刻みに揺れて見にくいな。「する動詞」）
» 髪、<u>パサ</u>めぐ。（髪がパサパサする。「めぐ動詞」）
» <u>ペチャンペチャン</u>にやっつけた。

　　　　　　　　　　（徹底的にやっつけた。形容動詞の結果副詞用法）

　このうち、以下では副詞用法を検討する。それは、オノマトペの中核が副詞用法だからである。その他の用法については、第4章でオノマトペの語彙化との関係で検討する。

　さて、副詞用法は、語レベル以上の様々な形態の組み合わせが可能で、1つの鋳型にはまらない。次のように様々な形態が副詞として使われる。

» そんなに<u>プーッ</u>とふくれないで。
» <u>ポカーン</u>と見とれていた。
» <u>パンパカパーン</u>と現れました。
» 旗が、<u>パタパタ</u>、<u>パタパタ</u>、音をたてている。

　ただし、アクセント核が最大1つという条件を満たす語レベルのオノマトペのタイプは限られている。その種類を /p/ を語頭に持つものとその他のものに分けてあげてみよう。

	/p-/	その他
CV にもとづくもの		
CV ＋長音化	ピー	カー
CV ＋撥音	ポン	キン
CV ＋促音	パッ	カッ
CV ＋半母音	ポイ	チョイ
CV ＋長音＋撥音	ポーン	ビーン
CV ＋長音＋促音	ポーッ	カーッ
重複	ポンポン	キンキン
	ピーピー	グーグー
	パッパ	サッサ
	ポイポイ	グイグイ
	パパッ	ササッ
CVCV にもとづくもの		
CVCV ＋撥音	パタン	ガタン
CVCV ＋促音	パタッ	カタッ
CVCV ＋長音＋撥音	パチーン	カターン
CVCV を促音が割る＋撥音	パッタン	ガッチャン
CVCV を促音が割る＋長音＋撥音	パッターン	ガッチャーン
CVCV ＋リ	ポトリ	ブラリ
CVCV を促音が割る＋リ	プッツリ	カッチリ
CVCV を撥音が割る＋リ		マンジリ
重複	ペタペタ	ビクビク
	パタパタッ	ガタガタッ
関係する語根の組み合わせ	ペチャクチャ	ギクシャク
		ガサゴソ

　この中で特にCVタイプとCVCVタイプの形態が似ていて区別しにくいのは、次の形態であろう。語根をはっきりさせるために「・」をつけて記す。

パッパ	パ・ッ・パ	（CV タイプ）
パパッ	パ・パ・ッ	（CV タイプ）
パカッ	パカ・ッ	（CVCV タイプ）

　また、「パッタン」は、「*パッ・タン」ではなく「パ(ッ)タ・ン」と分析されるべきことにも注意されたい。

　さて、上記の形態は、アクセント核が1つないしは無アクセントのもので、オノマトペの語レベルでの副詞の造語法をほぼ網羅していると考えられる。上記以外に「キンキラキン、ポンポコポン、パンパカパーン」、のようにCVタイプとCVCVタイプのオノマトペの慣用的な組み合わせもあるが、数は限られている。また、「パパパッ」や、「パカパカパカッ」のように前方に語根を2つ以上繰り返すものもある（那須2004b）が、そのように何度も繰り返せるのは、このパターンに限られている。上記の語を2つ以上組み合わせることも可能であるが、アクセント核が1つの「パカパカパカ'ッ」とは違い、「パカ'ッパカ'ッ」のようにアクセント核が2つ以上になり、1語とは見なされない。（以下、アクセント核を明記する必要がある時は、「'」で示す。）

　さて、上記の表を見ると、/p/ を語頭に持つものは、オノマトペと一般に考えられている言葉の形態をほとんど網羅していることが分かる。わずかに違いがあるのは、/p/ を語頭に持つものには、「カラコロ」のように /-a-a/ と /-o-o/ の母音だけが違う2つの語根を組み合わせたものがないことと、「マンジリ、ションボリ、ゲンナリ」のように「ン」が語根を割って挿入されているものがないことである。このうち、前者の問題に関しては、このタイプには、/k/ と /g/ を第1子音として持つ「カラコロ、カタコト、ガサゴソ」などしか存在しないため、/p/ を語頭に持つものにこの類がないことは当然で、/p/ を語頭に持つものを見れば、中心的なオノマトペの特徴が分かるだろうという予想の反証にはならない。

　この予想の反証になりそうなのは、/p/ を語頭に持つものに「マンジリ、ションボリ、スンナリ」などのタイプが存在しないことであるが、

そもそも、それらの基層にある「マジ、ショボ、スナ」のような C_2 に /r/ 以外の有声音を含むオノマトペ語根は、全体で 40 例ほどしかなく（これに関連した現象については第 6 章を参照）、その結果、それらから派生する「リ形」も 20 例ほどしかない。そこで、オノマトペに周辺的な現象だからこそ /p/ を語頭に持つものには、見られないのだと言うことができるだろう。

　ところで、上の表にあげた形態は、一般に、共通語では「（ッ）て」かまたは「と」、津軽方言では「（ッ）て」か、「と」または「と」の有声化した「ど」という引用の助詞と用いられる。助詞を必要としないものもあるが、詳細については、第 4 章を参照されたい。

　ついでながら、次の表は、共通語と津軽方言に分けてあげてある。津軽方言の方がはるかに種類が多いことが分かる。方言資料は欠けたパラダイムを補ってくれる貴重な存在であることが、ここからもうかがえる。以下、本書では、実際にそのような場合をいくつか見ることになる。

	共通語の例	津軽方言の例
CV にもとづくもの		
CV ＋長音化	カー	カー
CV ＋撥音	キン	キン
CV ＋促音	カッ	カッ
CV ＋半母音	チョイ	ゴイ（ゴエ）
CV ＋長音＋撥音	ビーン	ビーン
CV ＋長音＋促音	カーッ	カーッ
重複	キンキン	キンキ（ン）
	グーグー	グーグ（ー）
	サッサ	カッカ
	グイグイ	グイグイ
	ササッ	ググッ
CVCV にもとづくもの		
CVCV ＋撥音	ガタン	ガタン
CVCV ＋促音	カタッ	カタッ
CVCV ＋長音＋撥音	カターン	カターン
CVCV を促音が割る		ガッキ
CVCV を促音が割る＋撥音	ガッチャン	ガッチャン
CVCV を促音が割る＋長音＋撥音	ガッチャーン	ガッチャーン
CVCV ＋ラ		ギグラ
CVCV ＋ラ＋促音		ガキラッ
CVCV を撥音が割る＋ラ		ガンギラ
CVCV を促音が割る＋ラ		ゲッソラ
CVCV ＋リ	ブラリ	ブラリ
CVCV を撥音が割る＋リ	ウンザリ	ウンザリ
CVCV を促音が割る＋リ	ユッタリ	ユッタリ
重複	カタカタ	カタカタ
		カタラカタラ
		カッタカタ
		カタッカタ
	ガタガタッ	ガツガツッ
		カッタラカタラ
		カッタンカタン
関係する語根の組み合わせ	ガサゴソ	ガサゴソ
	ギクシャク	ニコカコ

第 2 章　オノマトペの基本的な音象徴

本章では、日本語のオノマトペの体系の中で、どのような音がどのような意味に結びついているかを、具体的に、子音、母音、その他の要素の順で検討する。その際、本書は第1章で触れたような語根の種類と語根内での位置による意味の分化を軸に分析をすすめることにしよう。この観点は Hamano(1986, 1998)で著者が明らかにしたが、分化の重要性をここで強調しておく必要がある。例えば、田守・スコウラップ(1999)は、Hamano(1986)の成果を利用して日本語と英語の音象徴を比較しているが、焦点が英語との比較にあることもあり、日本語のオノマトペ特有の、位置によるシステマティックな意味の分化がはっきりしない。これは、日本語のオノマトペ研究の観点から見ると、残念なことである。そこで、本書では Hamano(1998)の意図に沿い、語根の種類と語根内での位置に注意しながら音と意味のつながりを検討する。

また、CVCVタイプの C_2 の子音の意味を考える場合は、可能な限り/p/を語頭に持つものを考慮に含むようにした。これも、第1章で指摘したように、/p/を語頭に持つものは、確実にオノマトペと言えるために、音象徴の抽出に当たって、オノマトペ的ではあるがオノマトペではない資料をもとにして間違った一般化をすることを避けられるからである。/p/を語頭に持つものがない場合は、断りをつけることにする。

2.1 子音の基本的な音象徴

まず語根の子音と意味の結びつきを検討する。子音、特に阻害音は、位置によって象徴的な意味が違うことが多い。

2.1.1 阻害音の有声無声の対立

阻害音とは、空気が口腔を通って外に出る過程で流れを阻害される音のことを言う。日本語では、/p, t, s, k/と、対応する有声音/b, d, z, g/がそれにあたる。この阻害音における有声無声の対立は、共通語のオノマトペでは、語根の頭のみに現れ、有声阻害音は、対応する無声阻害音に比べて、「運動の力や物の質量が大きい」ことを意味する。この違いは次のような、/p, b/を語頭に持つオノマトペの例から明らかである。

» スプリンクラーの水がパッとかかった。
» バケツで水をバッとかけられた。

» 口笛をピュッと吹いた。
» ビュッとすごい風が吹いて、自転車が倒れた。

同様に、次のオノマトペでも、有声阻害音で始まるものは、対応する無声阻害音で始まるものに比べて、「運動の力や物の質量が大きいこと」を意味する。

　　ゴーン…大きな鐘の音
　　コーン…小さな鐘の音

　　ガラ……重いものが回る音
　　カラ……軽いものが回る音

　　ザラ……砂や小石がこすれあう様子
　　サラ……感触が滑らかな様子

　　ガキ……非常に堅い様子、活字体風に力を込めて書く様子
　　　　　　　　　　　　　　　　　　　　　　　　　　　（津軽方言）
　　カキ……堅い様子、活字体風に書く様子（津軽方言）

　　ダツ……大きい水滴がしたたり落ちる様子（津軽方言）
　　タツ……水滴がしたたり落ちる様子（津軽方言）

　ところで、第3章で見るような、比喩による意味の拡張の過程を通して、有声阻害音の「重さ、強さ」という意味は、「粗さ」に拡張し、さらに「不完全さ」という意味を持つようである。これは、次のような例から分かる。

- » 駅員は、乗客をギューギュー中に押し込んだ。(強さ)
- » 砂がザラザラこぼれ落ちた。(粗さ)
- » 資料をザッと調べた。(不完全さ)

また、次のように、「重さ」は「不快さ」にもつながるようである。

- » 雨がジトジト降っている。

　いずれにせよ、ここで注意すべきことは、阻害音の有声無声の対立は、まず「重さ」を基本にしていて、本質的に「運動の及ぼす範囲の広さ」とは、関係のないことである。「範囲の広さ」は、日本語のオノマトペでは、母音に委ねられるのである。また、音象徴に関与する有声は、音韻論的に有標の有声だけで、鼻音などの、単に自動的についてくる無標の有声は独自の音象徴を持たないことも注目に値する。また、第6章でも詳しく見るが、C_2に有声阻害音が現れるものは共通語のオノマトペの中では少なく、有標のパターンである。

　ついでながら、津軽方言の場合、「ガタ」対「ガダ」のようにC_2の阻害音の有声無声のコントラストが強調の意味に使われるが、C_1に有声阻害音がない場合には、これは起こらず、例えば「*カダ」というオノマトペ語根はない(浜野 2013)。つまり、有声無声の対立がC_2において独自に音象徴的対立を作り出すことはない。阻害音の有声無声の対立は、津軽方言でも、基本的には、C_1の現象なのである。

2.1.2　両唇破裂音 /p, b/

　CV タイプの語根の /p/ は、「張力のある表面を、または張力のある表面で叩くこと、そのような表面が破れること、あるいは破れそうに張った状態にあること」を意味する。

- » 両手をパンと叩いた。
- » 誰、今プッてやったの？

» 白身の泡がピンと立った。

これは、例えば、「パン、ピーン」を、「カン、キーン」と比べると、よりはっきりする。

　パン……張っている表面やそれが破れる時の音
　カン……金属を叩いた音

　ピーン…張っている糸や弦の状態やその音
　キーン…甲高い音

同様に、CV タイプの語根の場合、/b/ も、/p/ と同じように「張った表面が関与した運動、または、そのような運動で生成される音」を意味することが次の例から分かる。

» ドアをバンバン叩き続けた。

ただし、この例では、張っている表面を持っているのは、ドアではなく、ドアを叩く手の方である。副詞用法の場合、オノマトペは、この例のように動作の道具の様子を示すこともあれば、「風船をバンと割った」のように、動作の対象の様子を示すこともある。

CV タイプの /p/ の持つ「張った表面の破裂」という意味は、この他に、比喩的に拡張されて、「辺りに広がる事態」や「突然の事態」の意味にもなる。

» 香水が、プーンと匂った。
» パッと有名になって、パッと消えた。

一方、CVCV タイプでは、第 1 章で簡単に触れたように、表面と運動が C_1 と C_2 に分化している。そのため、C_1 が /p, b/ の語は水や皮膚

のような薄い膜など、張りのある表面に関係するが、そのような語でも、運動の意味の方は C_2 に応じてそれぞれ異なり、下の例のように、「叩く(/t/)」、「上下に動く(/k/)」、「流れる(/r/)」というように変化する。

» 雨粒がポツッと顔に当たった。
» 浮きがピクピク動いている。
» 大粒の涙がボロボロと流れ落ちた。

下に、もういくつかCVCVタイプの語根で/p, b/を語頭に持つものの例をあげておこう。

  パカ……薄い紙がはげたり、密閉されていたもののふたがとれたりする様子
  プカ……水面に浮かんでいる様子
  ボタ……重い水滴が落ちる様子
  パツ……手を叩く音や、火花が散る音(津軽方言)

これらの例にも全て何かしら「張った表面」が関係しているのは、C_1 の /p/ のためである。/k/ や /t/ が C_2 にあっても、それらがCVタイプで持つ、表面に関する意味は、ここでは全く表出しない。
 さて、上では、C_1 が /p, b/ のオノマトペに絞って、C_1 は「運動に関わる表面の状態」を表し、C_2 の子音は、「運動の種類」を表すと主張した。それでは、C_2 が /p/ の時は、どうなるのだろうか。次の例を見てみよう。

» ナイフでスパッと枝を切り落とした。
» 鳥はスポッと水の中に消えた。
» トップリと湯に浸かってください。

この例を見ると、C_2 の /p/ には、「破いたり、切ったり、液に浸かる」という意味があることが分かる。同様に、津軽方言の「ガポ」(勢いよく水に入る音、水底からガスが破裂する音)、「ザプ」(水に飛び込む音)も、「破裂」または、「液に浸る」という意味を持っている。これらの一連の意味は、C_2 に /b/ を持つオノマトペにも見られる。

» 犬は手袋をつけた手を<u>ガブッ</u>と噛んだ。
» ステーキに<u>ドボドボ</u>とソースをかけた。
» 川で<u>ザブザブ</u>とシーツを洗った。

その他、「スパッと切る」の「スパ」(勢いよく切る様子)、「ガバッと覆う」の「ガバ」(勢いよく覆う様子)、「スッポリ包む」の「スポ」(全体を覆う)、津軽方言の「タプ」(たたえてある水が動く様子、肉付きのよい様子)、「チャポ」(水のはねる音)など、C_2 が /p, b/ の語のほとんどが、「勢いよく切ったり破裂する様子、または、完全に覆われる状況」という意味を持っている。ところで、同一の位置で調音される子音のペアのうち、このように有声音と無声音が C_2 で同じ意味を持つのは、/p, b/ のペアだけである。これについては、第6章で詳しく見る。

以上をまとめると、CVCV タイプの語根では、C_1 の /p, b/ は、基本的に、「張力を持った表面」を意味し、C_2 の /p, b/ は、「破裂、切断」といった運動を意味する。この一般化にはずれるように見えるのは、「ブク、ボテ、デブ」、津軽方言の「ユプ」(脂肪太りの様子)などで、田守・スコウラップ (1999) が指摘するように、「膨張ないし肥満」に関係するオノマトペの場合、/p, b/ が C_1 と C_2 のどちらの位置でもよい。しかし、これは、明らかに比喩による二義的な延長のケースであり、C_1 と C_2 の意味の分化はそのような場合は弱くなるのだろう。運動に関する基本的な音象徴の場合は、意味の分化は明瞭である。

2.1.3　歯茎破裂音 /t, d/

「トン、ドン、ダーン」など、頭に /t, d/ がある CV タイプのオノマ

トペは、頭が /p, b/ のオノマトペと比較して、「張力がそれほどない表面を叩いたり突いたりすること」を意味している。

» {トン／*ポン} と戸を叩いた。
» {ポン／*トン} と破裂した。

　上の例は、「トン」が「ポン」と違って、表面張力のないものに使われることを表している。一方、肩や太鼓を叩く表現では「トン」と「ポン」のどちらも使われ、/p/ は「張力のある表面」、/t/ は「弛緩した表面」という一般化に反するように見えるが、それは、叩き方によって、人間の皮膚や太鼓の皮は、張力が変化するからである。したがって、一般化の反例にはならない。
　比喩的な拡張としては、CV タイプの /t/ は、以上の具象的な意味の他に、「精神的な緊張のなさ／局所的な生理的感覚＞目立たないこと」というような意味を持っているらしい。それは、次のような例に現れる。

» ツーンと匂う。（局所的な生理的感覚）
» トットと失せろ！（人目をひかない行動）

　一方、CVCV タイプの語根から成るオノマトペで C_1 が /t, d/ のものは、下の例から分かるように、「液体」に関する場合が多いのだが、その場合、/p, b/ のものと違って、水滴や表面張力のある状態を指すことは決してなく、必ず「流れてしまうような状態」を表す。

» 蜂蜜をタラタラとこぼした。
» ワインをトクトクと注いだ。

この意味もまた、/p, b/ で始まるオノマトペと比較して、/t, d/ の持つ「弛緩した表面」という意味によると考えられる。

/t, d/ を C_1 に持つ CVCV タイプの語根の例としては、他に次のようなものがあげられる。

　　トロ……滑らかに溶ける様子
　　ドロ……濁った液体
　　チリ……目覚まし時計などの小さな音
　　トボ……力なく歩く様子
　　テク……急がず一定の速度で歩き続ける様子
　　チカ……弱い光り方
　　デプ……太った様子(津軽方言)
　　デラ……太った様子(津軽方言)

このうち、「トロ」と「ドロ」は「張力を持たない液体の状態」である。そして、「チリ」から「チカ」までは、/p/ で始まる語に比べて「緊張の度合いが低いものや目立たない状況」を表すと言える。これも、「弛緩」と関係している。また、「デプ」と「デラ」の「太った様子」という意味も、「弛緩」という意味の拡張と考えられる。

　さて、/p, b/ の音象徴について指摘した CV タイプと CVCV タイプの違いは、/t, d/ に関しても明らかに認められる。基本的な音象徴の場合(つまり運動に関する音象徴の場合)、CV タイプの /t, d/ は、「表面と運動の性質」に同時に関係するが、CVCV タイプの C_1 の /t, d/ は、「弛緩した表面の様子」だけを表し、「衝撃を与えること」とは関係がない。CVCV タイプの語根で「叩いたりつついたりする」意味になるのは、下の例の「ピチ」や「パタ」のように /t/ が C_2 に現れた時だけである。

» 魚が<u>ピチピチ</u>と跳ねた。
» ドアを<u>パタン</u>と閉められてしまった。
» 涙の粒が<u>ポタン</u>と落ちた。
» ドアを<u>コツコツ</u>と叩いた。

この種類は、「パタッ」(薄くて堅いものが当たる様子)、「ステン」(転ぶ様子)、「ゴツン」(強くぶつかる様子)、津軽方言の「ドツ」(強く押す様子)など数多い。

C_2 の /t/ は、さらに、「密着、合致」という意味もある。これも、運動の音象徴の1種だと言える。

» 子どもは、ピタッと母親にしがみついた。
» 絆創膏をペタッと貼り付けた。
» 最後のタイルがキッチリはまった。

2.1.4 軟口蓋破裂音 /k, g/

「カーン」(金属製の鐘の音)、「キン」(甲高い音)、「ゴーン」(鐘の音)など、頭が /k, g/ の CV タイプのオノマトペの多くは、「硬質の表面に当たる音や様子」に関連している。加えて、頭に /k, g/ を持つ CV タイプの語は、「キッと見つめる、キュッと結ぶ」に見られるように、「動作の厳しさ、きつさ、確実さ」も表す。

» キンコンカンと鐘が鳴った。
» ガンと岩に頭をぶつけた。
» ギュッと手を握りしめた。

これらはみな、「硬質」という意味の延長で、やはり語根の頭の /k, g/ に依存していると考えられる。

ただし、「クー」(鳩や子犬のなく声)、「グー」(腹のなる音)、「クン」(嗅ぎ回る様子)は、「喉や鼻や身体などの空間から出てくる音」を表しており、さらに、「ゴー」は、トンネルのように深いところから出てくる音にも使われることから、/k, g/ は、母音 /u, o/ と組み合わさった場合「空洞から外への運動や音」を表すこともあると言える。

» 屋根の上で鳩がクークー鳴いている。

» お腹がグーッと鳴った。
» 列車がトンネルをゴーッと通り抜けた。

一方、CVCVタイプの語根の場合、C_1 が /k, g/ の語の多くは、次の例のように、「硬質の表面」に関係し、/k, g/ がその意味を負っていると見られる。

» コップが歯に当たって、カリッという音がした。
» 包丁でコトコトとまな板を叩いて刻んだ。
» 天井に頭をゴツンとぶつけた。

他にも、この例は、「カチャ」(ガラス・陶器類などがぶつかり合ったり割れたりする音)、「ガリ」(非常に堅いものを噛んだ音)、「クシャ」(殻が堅いものが壊れる音)、津軽方言の「カキ」(堅い様子)など、数多い。

また、CVタイプの語根と同じくCVCVタイプの語根でも、C_1 に /k, g/ を持つものは、「動作の厳しさ、きつさ、確実さ」を表す。これは、「キチッとしめる」の「キチ」、「ガッチリ受けとめる」の「ガチ」などから確認できる。

それに対し、C_2 が /k/ の場合は、「上下ないしは、外から中へ、あるいは中から外への運動」を示すものが多い。折れたり、割れたり、光のように放射するのも、この1種である。これは、上述の /p/ および /t/ の場合とコントラストをなし、C_2 の /k/ によると考えられる。

» 浮きがピクッと動いた。
» 苦い薬をゴクリと飲み込んだ。
» 骨がポキンと折れてしまった。
» 蛍光灯がチカチカしてまぶしい。

他にも例は多くあり、「パカ」(割れて中が見える様子)、「ダク」(汗が出る様子)、津軽方言の「ゲク」(吐く様子)、「ズカ」(突き刺すような感じ)

などがあげられる。

　また、CVタイプの「クー」や「ゴー」に見られた「空洞」の意味は、CVCVタイプの語根の場合、次の例のように、「空洞化」としてC_2に受け継がれるが、母音が /u, o/ である必要はない。これも、1種の「外と中の間の運動」と見られる。

» スイカは、熟れすぎてスカスカだ。
» アイスクリームに氷が入って、サクサクしている。

　笑いの表現の「ニコ」と「ニタ」の違いもC_2の子音の違いに依拠していて、「ニコニコ笑う」の方は、「心を開いて(つまり、中から外へ)笑う」という意味があり、これもC_2の /k/ によると考えられる。一方、「ニタ」の方は、C_2の /t/ の持つ「接触」の意味によって、「(粘着性の)人に対して思惑のある笑い方」という意味になる。

　ところで、軟口蓋破裂音 /k, g/ には、/p, b/、/t, d/、/s, z/ には見られない特徴がある。それは、次のように、軟口蓋破裂音は、1つの語根のC_1とC_2の双方に現れることが多いということである。

語根	派　生　形
ガカ	ガッカリ
カキ	カッキリ
ガキ	ガキガキ、ガッキラ(津軽方言)
ガク	ガクガク、ガックリ、ガクッ、ガクン
キカ	キッカリ
ギク	ギクギク、ギクリ、ギックリ、ギクッ
クキ	クッキリ
ゲク	ゲクゲク
コク	コックリ
ゴク	ゴクゴク、ゴクリ、ゴクッ、ゴクン

さらに、上のリストの「カッキリ、キッカリ、クッキリ、コックリ」から分かるように、「ッ」の入った「リ形」に限り、/k/ が C_1 と C_2 の双方に現れる。

これに対して、/p, b/ の場合は、このように1つの語根の C_1 と C_2 の双方に現れることは全くない。そして、/t, d/、/s, z/ の場合は、次のものに限られる。

　　　ドタ……ドタドタ、ドタッ、ドタン
　　　ズシ……ズシズシ、ズシッ、ズシン、ズシリ、ズッシリ
　　　タド……タドタド
　　　シズ……シズシズ

このうち、「タド」と「シズ」は、阻害音の有声無声の対立に関して触れたように、オノマトペとしては例外的な形態であり、除外しよう。すると、/k, g/ 以外では、このパターンは、「ドタ」と「ズシ」に限られていることになる。つまり、同じ種類の子音を C_1 と C_2 に持つことは避けられており、/k, g/ が特異であることが分かる。

そこで、/k, g/ と他の阻害音の違いをもう少し考えて見ると、次のことが分かる。/k, g/ 以外の阻害音の場合、C_1 と C_2 の意味は明らかに関連していて、CVタイプのCの意味が分化されて2箇所に割り当てられている。例えば、/p, b/ の場合、CVタイプでは、「表面が張った状態で破裂したり打撃が加わること」を意味するが、CVCVタイプの場合、C_1 では「緊張した面」、C_2 では「破裂」を意味する。これに対し、/k, g/ の意味は、C_1 は、「硬質の表面」、C_2 は「上下あるいは、外から中、または中から外への運動」あるいは「空洞化」というように、全く異なっている。つまり、/k, g/ の方が、C_1 と C_2 での意味の違いが著しい。そのため、機能的に見て、2箇所に現れることにより意味があるのである。それが、上述のような状況を創出していると考えられる。

それでは、何故、/k, g/ に限ってこのような状況なのだろうか。これは、CVタイプの /k, g/ の意味を考え直すと、多少答えに近づくように

思われる。というのは、CV タイプの /k, g/ は、「硬いものを叩く状況かその音」、または、「空洞から外への運動や音」のどちらかに使われるが、この 2 つの意味の合成である「硬い表面を持った空洞から外への運動」という意味はない。この 2 つの意味は、他の阻害音の場合と違って、必然的な関連性がないからである。/k, g/ の音象徴の CVCV タイプへのマッピングは、そのようにもともと関連のない 2 つの意味領域から独立になされているのである。これらの意味領域は、ひょっとすると硬口蓋と軟口蓋のコントラストに関係するのかもしれないが、現時点では、著者には明確な説明がない。

2.1.5　歯茎摩擦音 /s, z/

頭が /s/ の CV タイプの語根は、「抵抗のない表面を滑る様子、順調さ、滑らかな運動」などを示すことが多い。例としては、「サ、ス、ソ」を含む「サッ、スッ、ソッ」(いずれも、抵抗なく、滑りのよい様子) などがあげられる。

» 子ども連れが<u>サッ</u>と前の座席にすわりこんだ。
» 浮きが水面を<u>スッ</u>と走った。

その他に、/s/ ではじまる語は、「シュ」のように「液体、流動体」という意味があるようである。また、「ザッ、ズッ」など、/z/ ではじまる語は、「粗い粒子が動くこと」を意味している。

» <u>シュッ</u>と殺虫剤を撒いた。
» 雨が<u>ザーッ</u>と降ってきた。

なお、「シーン」は、「滑らかで、音を立てない」という意味から、「静けさ」を表すようになったらしい。これは、オノマトペが必ずしも音まねではなく、構造的な要素から合成的に生成されることの明かしである。

CVCVタイプの語根でも、C_1 が /s/ の語は、「抵抗のない表面、順調さ、滑らかさ」などを示すことが多い。例としては、「サラ」(抵抗なく、滑りのよい様子)、「ソロ」(非常にゆっくり静かに)、津軽方言の「スカ」(次々と片付く様子)などがあげられる。

» グラニュー糖を上から<u>サラサラ</u>振りかけた。
» <u>ソロリソロリ</u>と歩いた。

さらに、CVCVタイプの語根でも、C_1 が /s, z/ のものは、「シト、ジト」のように「液体、流動体」に関係するようである。

一方、C_2 が /s/ の語は、次の例で分かるように「接触しながら動く状況」を示す。

» 針を<u>プスプス</u>さした。
» <u>ゴシゴシ</u>こすって、汚れを落とした。
» 雨戸が<u>ギシギシ</u>言っている。

この「接触しながら動く」という意味は、「カサ」(枯葉などが触れあう様子)、津軽方言の「モソ」(ざらつく様子)、「ユサ」(こすれながら揺れる様子)などにも見られる。

2.1.6　歯茎鼻音 /n/

純粋な擬声語の「ニャー」を除くと、CVタイプの語根で、頭が /n/ の例は、「ヌ」、「ニュ」、「ニ」に限られる。これらの /n/ の意味は、次の例から分かるように、「つかみどころがない」、つまり「実体がはっきりしない」というような意味らしい。

» <u>{ヌッ／ニュッ}</u>と現れた。
» <u>ニッ</u>と笑った。

一方、CVCVタイプの語根でC₁が/n/のオノマトペは、「滑り、粘性」を示すことが多い。例としては、次のようなものがあげられる。

  ヌル……滑りのあるものがつかみにくい様子
  ニョロ…滑りのあるものがくねる様子
  ニキ……油じみている様子（津軽方言）
  ネコ……濃くて粘りがある様子（津軽方言）

さらに、「正体がはっきりしない」という意味もあるらしく、その例としては、「ニヤニヤする、ニョキニョキ伸びる」などがあげられる。
 C_2が/n/のオノマトペは、「折れ曲がったり、力のない様子」を表す。

  ヘナ……力が抜けて折れ曲がる様子
  フニャ…力なく曲がる様子、または力なく何かを言うこと
  ゴナ……軟体動物に触れた時の感触、疲れ切った様子（津軽方言）

 C_1が/p/でC_2が/n/のものは、共通語のオノマトペ辞典（Kakehi et al. 1996）では見つからない。また、津軽方言でも、資料には見つからなかった。ただし、屈折して鼻に抜ける音という/n/の音声的な特徴を考えると、上述のC_2の/n/の意味は類像的であり、/p/を語頭に持つものには見られないにもかかわらず、これらの語はオノマトペだと考えられる。

2.1.7 硬口蓋接近音 /y/

 /y/は、CVタイプの語根には使われない。
 CVCVタイプの語根では、C_1が/y/のものは、「揺れ」や「頼りなさ」を表すものが多い。

  ユラ……揺れる様子
  ヨロ……倒れそうに危なげに歩く様子

ユサ……こすれながら揺れる様子(津軽方言)
ユツ……強く揺らぐ様子(津軽方言)
ヨ゜ガ …ひよわな様子(「゜」は鼻音化を表す)(津軽方言)

一方、C_2 が /y/ のものは「輪郭がはっきりしない状況」を示すものが多い。

プヨ……膨れた様子
モヤ……ぼんやりとした、または、薄明りの状態
ドヨ……不透明に曇った状況(「ドンヨリ」として使われる)
ドヤ……大勢が騒々しく移動する様子
フヤ……ふやけている様子
グヤ……面と向かわず不平を鳴らす様子(津軽方言)
ワヤ……雑然として騒々しい様子(津軽方言)

2.1.8 両唇または声門摩擦音 /h/

CV タイプの語で C_1 が /h/ の語は、次の例のように、常に、「空気の流れ」または「息」を意味する。

» 風がヒューヒュー吹いている。
» フーンとうなずいた。
» 結果が分かって、ホッとした。
» 何かが急に前を横切るのに気づいて、ハッと息をのんだ。

一方、CVCV タイプで C_1 が /h/ の語は、次の対比から分かるように、C_1 が /p, b/ の語の意味に、「弱々しい、美しい、優しい」という価値を付加したものが基本である。

パラ……雨粒のようなものが落ちる様子
ハラ……花びらが落ちる様子

プカ……軽いものが浮かんでいる様子
　　フカ……やわらかくふくらんでいる様子

　　ポロ……涙の粒など、小さくて軽いものがこぼれ落ちる様子
　　ホロ……小さくて美しいものがこぼれる様子

　CVCV タイプで、C_1 の /h/ がわずかでも息に関係する可能性があるものとしては、「ハラハラする」（心配して息をとめる?）があるが、その他にはない。また、C_2 が /h/ の語は、「咳」の意味の「ゴホ」に限られる。そこで、一般的には CVCV タイプの語根で /h/ は C_1 に限られ、息の意味はないと見てよいだろう。

2.1.9　両唇接近音 /w/ ないしは母音ではじまるもの

　共通語でも津軽方言でも「ワー、ワン、オン、オイ」など、頭が /w/ または母音の CV タイプの語根は、「動物や人間の感情的な大声」を表す。このうち、母音で始まるものは、/w/ が脱落したものだと考えられるので、このような感情的な意味は、/w/ によると見ていいだろう。

　CVCV タイプの語根から成るもので、C_1 が /w/、ないしは、母音で始まる語も、「人間の感情的な動揺や多数の動物がうごめいている様子」を表すものが多い。例としては、次のようなものがある。

　　ワク……期待で興奮する様子
　　オロ……心配してうろたえる様子
　　ウヨ……群がりうごめく様子
　　ウヌ……興奮状態（津軽方言）
　　ウル……慌てふためく様子（津軽方言）
　　ワヤ……大勢で騒々しい様子（津軽方言）

　一方、C_2 の /w/ は、意味の確定が難しい。次のようなものでは、特定の運動というよりは、CVCV の C_1 の /h/ の意味と似て、「柔らかさ、弱

さ」を表しているように見える。

 プワ……膨らんで浮くような様子
 フワ……柔らかく浮くような様子
 サワ……草の中を風が抜けるような様子

しかし、次の語は、「柔らかさ」とは全く関係がなさそうに見える。

 ゴワ……皮などが硬い様子
 グワ……強くつかんだり突き出る様子

いずれにせよ、C_2 の /w/ の意味が CV タイプおよび CVCV タイプの語根の頭での「感情」に関する /w/ の意味とは全く関係がないことは確かである。

2.1.10　両唇鼻音 /m/

 CV タイプで、/m/ が頭にあるものは少ないので、一般化がかなり難しいのだが、それでも「ムッとする」を「カッとする」と比較すると、/m/ には、「抑圧」という意味があると言えるだろう。

 ムッとする……不快な感情が抑止されながら表出すること
 カッとする……強烈な抑圧されていない怒り

 CVCV タイプの語根の場合、C_1 が /m/ の語は、「はっきりしない態度や気持ち」を表すものが多い。

 ムシャ…不愉快な様子
 ムニャ…理解できないことを言う様子
 マホ……ぼんやりしている様子(津軽方言)
 マヤ……何もせずうろついている様子(津軽方言)

ムツ……黙りこくる様子(津軽方言)

これも CV タイプの語根の場合の「抑圧」という意味と関係があると見られる。

一方 C_2 が /m/ の場合は、/p/ を頭に持つものが全くない上に、「チマ、ジメ、ヌメ、ガミ」など数例に限られており、音象徴を抽出しにくい。この状況は津軽方言でも同じである。

2.1.11 歯茎弾き音 /r/

/r/ を含む CV タイプの語根は、鈴の音を表す「リンリン、リリリ」などに使われる「リ」と、幸せで高揚する気持ちを表す「ルンルン」に含まれる「ル」に限られる。

一方、CVCV タイプの語根では、/r/ は、C_2 にしか現れない。意味は、次の例に見られるように、「回転、流動的な運動」である。

» 塩を<u>パラリ</u>とふった。
» 猫は<u>クルッ</u>と宙返りした。
» ゴルフボールが<u>コロコロ</u>転がって穴に落ちた。
» 汗が<u>タラタラ</u>と流れた。
» 砂が<u>サラサラ</u>とこぼれた。

CVCV タイプで /r/ が C_2 にしか現れないのは、/r/ が、その調音の方法からして、/t/ や /s/ と比べて表面の性質という意味とは結びつきにくく、運動の意味しか持てないからだと考えられる。一方、/r/ は、この他にも、促音、撥音の後に現れることができない(第 5 章)とか、弁別的な口蓋化ができない(次項及び第 6 章)といった音韻制約があるが、それらの制約は意味とは関係なく、自律的な音韻制約である。

2.1.12 口蓋化

「ピャ、ピュ、ピョ、キャ、キュ、キョ、シャ、シュ、ショ」などの

いわゆる開拗音を含むオノマトペ、言い換えれば、/py, ky, sy/ のように口蓋化された子音を含むオノマトペは、「雑多な物のたてる音」や「子どもっぽい落ち着きのない動き」を表すものが多い。例としては、次のようなものがあげられる。

　　ピョン……軽く飛ぶ様子
　　ピョイ……軽く飛ぶ様子
　　シュー……空気や液体が狭い口から出る時に出す音
　　チュー……ネズミの鳴き声、または、口で何かを吸う音
　　ピョコ……弾むように動く様子
　　カチャ……ガラスや陶器の破片やいくつもの食器がぶつかってたてる音
　　チャリ……小銭、鍵などがふれあって出す音
　　キョロ……落ち着かず見回す様子

　これらに共通する基本的な意味は、「制御の不十分さ」という意味である。例えば、「シュー」は、空気や液体が漏れて出す音という点で、制御されていない運動を表すし、「ピョコ」は、幼い子どもなどの危なげな運動という点で、制御されていない運動を表す。また、「チャリ」も1つの統一された音ではなく、雑多な音という点で、制御を欠くものを表すと言える。
　口蓋化は、CV タイプの語根の頭の子音にも起こり、また、CVCV タイプの C_1 の位置にも、C_2 の位置にも現れる。そして、位置に関わらず、同じ意味を持つ。これについては、第6章で詳しく扱うので、ここでは、この最小限の説明で終わらせておく。

2.1.13　まとめ

　次の表は、上述の説明にそって、子音の基本的な音象徴を CV の C、CVCV の C_1 と C_2 に分けてまとめたものである。

	CV の C		CVCV の C₁		CVCV の C₂
p	張力のある表面への衝撃または破裂	軽い、小さい、細かい	張力のある表面、肥満	軽い、小さい、細かい	破裂、破れる、完全に覆われる、膨張、肥満
b		重い、大きい、粗い		重い、大きい、粗い	
t	張力の弱い表面を叩く	軽い、小さい、細かい	張力の弱い表面、弛緩、目立たない	軽い、小さい、細かい	叩く、接触、密着、合致
d		重い、大きい、粗い		重い、大きい、粗い	
k	固い表面、動作の厳しさ、きつさ、確実さ、空洞から外への運動	軽い、小さい、細かい	固い表面、きつさ、確実さ	軽い、小さい、細かい	開く、中から出てくる、上下か内外の運動
g		重い、大きい、粗い		重い、大きい、粗い	
s	抵抗のない表面を滑る、液体、流動体	軽い、小さい、細かい	抵抗のない表面、液体、流動体	静か、軽い、小さい、細かい	接触しながら動く、摩擦
z		重い、大きい、粗い		重い、大きい、粗い	
n	捉えにくい		滑り、捉えにくい、粘着性、のろさ		力のなさ、折れ曲がる
y			揺れ、頼りない動き		輪郭がはっきりしない
h	息		美しさ、弱さ		
w/子音なし	興奮、動揺				柔らかさ、弱さ？
m	抑圧				
r					流れるような運動
口蓋化	子供っぽさ、雑多なもの、制御の不十分さ				

　ここで、この表を見ながら、一般的な傾向をまとめておこう。

　まず、「重さ」の対立は、語根の頭の阻害音の有声無声の対立のみによって、表される。

位置によって意味が違うのは、一般に阻害音と /n/ である。CV タイプでは、阻害音と /n/ の場合、「触感」と「運動」の双方の意味があり、時にはそれが未分化のままオノマトペに意味を与え、時には、そのどちらかが音象徴として表出する。CVCV タイプの語根では、C_1 の阻害音ないしは /n/ は「物の触感」を、C_2 の阻害音ないし /n/ は「運動」を表す。この順番は、「まず物体があり、それが運動する」ということを類像的に表している。

　硬口蓋接近音 /y/ は、CV タイプの語根タイプには、現れない。CVCV タイプの語根の /y/ は、C_1 と C_2 で意味が違っているが、触感と運動に分化しているとは言いがたい。

　語根の頭であれば、CV タイプの語根でも CVCV タイプの語根でも同じ意味を持つのは、/w/ である。一方 C_2 の /w/ は、語根の頭の /w/ と意味を共有しない。

　圧倒的に語根の頭を好むのは、「抑圧」という音象徴を持つ /m/ と「上品さ」という音象徴を持つ /h/ である。一方、C_2 にしか現れないのは、「流動的な運動」という音象徴を持つ /r/ である。運動とは関係ない「上品さ」とか「抑圧」という意味は語根の頭にあり、「運動」に関する意味は、C_2 に投影されていることになる。

　一方、位置によって全く意味が変わらないのは、口蓋化である。口蓋化の分布は、第6章で見るように、自律的な音韻上の制約を受けるが、これは、口蓋化の意味が位置とつながっていないために可能になる。

　このような意味と位置の関係、特に CVCV タイプの C_2 の音象徴が重要な意味を持つことについては、以下で折々検討することになる。

2.2　母音の基本的な音象徴

2.2.1　CV タイプの語根に現れる母音の音象徴

　母音は、一般に運動や物の形、広がり方に関係する。CV タイプの語根の場合、それは、次の例などから分かる。

» 手を振ってピッと水を飛ばした。

》 口の中のものをパッと吐き出した。
》 プッと種を吐き出した。

上の例で、「ピ」は、「直線的な運動」を、「パ」は、「広がり」を、「プ」は、「突出」を表している。このコントラストは、母音の /i/、/a/、/u/ によると考えられる。すなわち、/i/ は「直線」を、/a/ は「広がり」を、/u/ は「突出」を表す。「運動の形」という意味での、母音の /i/ と /a/ のコントラストは、次の例からも確認できる。

》 ピンと糸を弾いた。
》 両手をパンと叩いた。

この例でも、「ピ」は、「糸の運動」、「パ」は「広がったものの運動」に関係しており、このコントラストは、/i/ と /a/ によると考えられる。
　ところで、/i/ は、田守・スコウラップ(1999)が指摘するように、「高音、甲高い音」を表すのにも使われる。

》 ピーッと口笛を吹いた。
》 朝から晩まで子どもがピーピー泣いている。

これらは、確かに、「ポー」(汽笛の音)に比べて高音を表していると言える。そして、それは、田守・スコウラップ(1999)が主張するように、/i/ の音響学的性格によるのかもしれない。ただし日本語のオノマトペの体系から見ると、このように特定の母音が特定の「音質」を意味するという関係は、限られたものである。
　/i/ はさらに、おそらく「高音」の意にも「線状のもの」の意にも関連したと考えられる、「緊張」という意味を持っている。

》 ピンと背筋をのばしなさい。
》 何が起こっているのか、ピンと来た。

特にこの意味は後で見るように、CVCV タイプの語根によく現れるようである。

　一方、/o/ は、音声的にも意味的にも /u/ と /a/ の中間にあって、「広がらずに前に出る」というような意味があると考えられる。

» ポッと小さな花が咲いた。
» ポンとボールを投げた。

この /o/ の中間的な意味は、比喩的に拡張されると、下の例のように、「目立たない」という意味になる。一方、/a/ は、それに対して、「目立つ」という意味になる。

» ポッと田舎から出て来た。
» パッと有名になった。

　/i/、/a/、/o/、/u/ が多かれ少なかれ、運動の形に関係する意味を持っているのに対して、/e/ は独特で、形とは関係なく、下の例のように、「野卑、強烈」という意味を持っている。

» ペッと吐き出した。

このような /e/ の意味は、発声方法や音響に基づくというわけではなく、「すげえ」「ひでえ」などの /e/ に対する社会的価値観と同じ基盤に立っていると思われる。これは、/i/、/a/、/o/、/u/ の音象徴の状況とは、全く違って、特殊である。

　ところで、/e/ は他の母音と頻度においても違いがある。特に CVCV タイプのオノマトペでは、/e/ はあまり使われない。Hamano (1998) の 47 ページの資料から重複形オノマトペだけについて調べると、/e/ は、CVCV タイプの語根の母音総数の 8% ほどにすぎない。/i/、/a/、/o/、/u/ は、それぞれ、19%、27%、24%、22% である。/e/ の特殊性は、

この数字からも明らかである。
　さて、/p/ を語頭に持つオノマトペの比較によって抽出されるこれらの母音の音象徴は、他の子音を語頭に持つものにも、広く観察される。例えば、次の例のオノマトペはどれも、/i/ を含んでおり、運動が線を描いている。

> » ニッと笑った。
> » キッと口を結んだ。
> » ジッと見つめた。

すなわち、「ニッ」と「キッ」は、唇が閉じられて線をなしている。「ジッ」は、「直視する」という意味で、方向が直線になっている。さらに、「キッ」と「ジッ」では、/i/ が「緊張」という意味もそえていると考えられる。
　対して、次の例のオノマトペは、/a/ を含み、「運動が広がる、広い範囲に及ぶ、勢いがよい、目立つ」というような意味を持っている。

> » カッと火が燃えあがった。
> » 鐘がカーンと鳴り響いた。
> » 背筋をシャンと伸ばしなさい。
> » サッと中に入った。
> » 明け方に、ハッと目がさめた。

一方、/o/ は、/a/ に比べて、「おだやか、目立たない」といった意味を持っていることが次の例からも分かる。

> » 達磨に、チョンと目を入れた。
> » ソッと、肩に手を置いた。
> » 何事もなくて、ホッとした。

次に、/u/ を含む次の例では、「突き出る運動」という意味を確認できる。

» 開かなかったら、もう一度グッと押してください。
» シュッと一噴きした。

/u/ はまた、「動物の口、鼻、肛門などの狭い開口部が関与する音や感覚」を表すことが多い。

» フーッと息をついた。
» ストローでチューチュー吸った。
» かび臭い臭いがツンとした。
» 犬は、クンクン臭いをかいだ。
» 赤ちゃんが、プッとおならをした。

そして、/e/ はやはり、「野卑な力強さ」の意味である。

» 中に入って来て、デンと座り込んだ。
» ケケッと奇妙な音をたてて笑った。
» ゲッと吐いちゃった。

/i/ はまた、「高音、甲高い音、緊張」という意味でも使われる。

» 蝉がミンミン鳴いている。
» 戦闘機がキーンと飛んでいった。
» ギーッとドアが開いた。

最後に、CV タイプの語根に現れる母音の基本的な音象徴をまとめておこう。

i	線状、細さ、高音、緊張
e	野卑
a	広い、平ら、広範囲、目立つ
o	目立たない
u	突き出る

2.2.2 CVCVタイプの語根に現れる母音の音象徴

次に、CVCVタイプの語根に現れる母音の音象徴を考えよう。母音の場合まず指摘しておくべきことは、子音に比べて位置による分化が顕著ではないということである。子音の場合、特に阻害音に関して、C_1 と C_2 の間に明らかな意味の分化があり、また、同じ子音は同一語根の C_1 と C_2 に現れにくい。C_1 と C_2 に同じ子音が現れるのは、「カッキリ」の「カキ、クッキリ」の「クキ」など、/k/ に限られる。(「パパッ、ササッ」などは、CV の「パ」や「サ」の重複形で、助走を伴った運動という意味なので、ここでしている主張の反証にはならない。)

ところが、母音の場合は、V_1 と V_2 に同じ母音が使われるのは、稀なことではない。次の表は、Hamano(1998)に準拠して、重複式のオノマトペに使われている CVCV タイプの語根の、V_1 と V_2 の組み合わせを示している。この表から、V_1 と V_2 に同じ母音が使われているものが3分の1ほどあることが分かる。

V_1 \ V_2	i	e	a	o	u	計
i	21	2	18	12	10	63
e	5	1	20	12	4	42
a	18	0	33	7	12	70
o	19	7	19	36	15	96
u	11	7	37	9	28	92
計	74	17	127	76	69	363

このように同じ母音を持つオノマトペは、/p/ が C_1 にあるものだけでも、「ピチ、パタ、ポト、ピシ、パサ、ポソ、プス、ピリ、パラ、ボロ、プル、パカ、ポコ、プク」のように多数ある。

このことは、母音の役割が子音とは違い、位置による意味の分化が弱いことを予期させる。結論を先に言うと、そもそも、V_1 と V_2 の意味が子音ほどはっきりしないことがかなり多いのである。

意味がはっきりしているものでは、V_1 は「運動する物体、運動する物体が始めに接触するものの形」、ないしは「運動の初期の形」、V_2 は「物体や運動の終わりの形」、ないしは「運動が及ぶ範囲の大きさ」を表す。つまり、基本的に母音自体はCVタイプの場合と同じく、形に関する意味を持ち、それが位置によって、類像的に時間の軸に投影され、「初期の物体の形」の意味になったり、「運動の範囲」の意味になったりしているわけである。そこで、はじめと終わりが同じ形ならば、V_1 と V_2 は必然的に同じ母音になる。これが、同じ母音を2つ含むCVCVタイプの語根が多い理由であると考えられる。

次に、上の表で観察される、よく使われる組み合わせから、具体的な例をいくつか検討していこう。はじめは、違う母音の組み合わせを見る。

まず、/-i-a/ は、「細いものが、広い範囲に動いたり影響すること」を意味する。これは、例えば次のような例がある。

» 足を<u>ピタピタ</u>させて歩いた。（足が平面に平らに接触する）
» 明かりが<u>ピカッ</u>と光った。（光線が広がる）
» <u>ニヤッ</u>と笑った。（閉じた口が開く）

次に、/-i-u/ は、「細いものが突き出ること」を意味する。

» 浮きが<u>ピクッ</u>と動いた。（浮きが水面に突き出る）
» 蟻に<u>チクッ</u>と刺された。（針が皮膚を刺す）

/-o-a/ は、「小さめのものが広がるか、あるいは結果として平らにな

ること」を意味する。

» 雨粒がポタッと落ちた。（小粒が広がる）
» ポカッと穴が開いた。（穴が広がる）
» ドタッと座り込んだ。
　　　　　（体が垂直にのびた格好から、水平に広がった格好に変わる）

/-u-a/ は、「突き出てから広がること」を意味する。

» プカッと浮いた。（水面に出て広がる）
» 雲がフワフワ浮いている。（浮いて広がっている）
» ツカツカ入ってきた。（中に入って空間を占める）

上記 /-u-a/ に対して、/-a-u/ は、「口を大きく開けて食べたり飲んだりすること」、または「広い面に食い込むこと」を意味する。

» パクッと口を大きく開けて、食べた。（開けて取り込む）
» 水をガブガブ飲み込んだ。（開けて取り込む）
» 金槌で、表面をガツンと叩いた。（表面に食い込む）
» シャーベットをサクサクすくって食べた。（表面に食い込む）

/-a-i/ は、「パリ、パチ」のように、「広がったものがたてに割れたり、何かに当たって高い音を出すこと」を意味している。また、「ハキ」や「パキ」のように「元気よく、神経が緊張した状況」を示すことも多い。

» 表面のカラメルをパリッと割った。（広がったものが割れる）
» ハキハキ答えてパキパキ仕事をする。（元気のよさと緊張）

/-o-i/ は、「ポリ」のように、「/-a-i/ よりも若干勢いがなかったり、目立たない」という意味がある。このコントラストは、より語彙化され

た次のオノマトペにも残っている。

> » ボチボチやりましょうか。(目立たない)
> » バリバリ活躍している。(目立つ)

　同じ母音の組み合わせでは、/-i-i/ の場合、「線を合わせること」を意味することが多い。

> » ピッチリ縫い目を合わせた。
> » キッチリ枠にはめた。

/-a-a/ は、「薄く広がったもの」を表す。

> » 大きな葉がパサリと落ちた。
> » 皮膚がカサカサしている。

/-o-o/ は、「格別細くも大きくも小さくもないもの、または目立たないもの」を表す。

> » 涙がポロポロあふれてきた。
> » ポソッと何かつぶやいた。

/-u-u/ は、「小さい突起や泡ができてその状態にあること」を意味する。

> » 重曹と酢を合わせるとプツプツ泡が出て来ます。
> » グツグツ煮込んでください。

/e/ は「ポテ」(太った様子)、「ペタ」(貼り付ける様子)、「メラ」(燃えがる様子)など、どちらの位置に使われても「野卑」、または、「不適切

に精力的」という意味があり、形の音象徴とは異なる。特に /-e-a/ の組み合わせて使われることが多く、この母音の組み合わせは、「下品なやりかたで、または、不必要に精力的に、広い範囲に何かをする」という意味のようである。

» よく考えないで、ペラペラ話し続けてしまった。
» 余計なことをベラベラ話すのはやめましょう。
» メラメラと火が燃えあがった。
» 安手の皮のソファーがテカテカ光っていた。

ただし、/e/ が「野卑な力強さ」を意味するという主張に対して、「スベスベ」の「スベ」、「クネクネ」の「クネ」、「ウネウネ」の「ウネ」のように一見例外に見えるものもある。しかし、「スベ」は、C_2 に有標の有声阻害音があることも考慮すると、動詞の「滑る」から逆成したもののようである。また、「クネ、ウネ」も「くねる、うねる」からの逆成の可能性がある。また、全体的に「ポテ、ペタ、ペラ、ペカ、ベタ、ボテ、ベラ、メリ、ツケ、デレ、ズケ、ネチ、ネタ、ヌケ、ケバ、ケタ、コテ、コセ、ケラ、ゴテ、ゲラ」など /e/ を含む多くのオノマトペが「野卑な力強さ」という意味を含んでいること、また、CV タイプの語根では、/e/ の意味は絶対的に「野卑」であり、これらは、動詞からの逆成の可能性がないことを考えると、/e/ の意味は一般に「野卑な力強さ」と見ていいだろう。これは、/h/ に関して見た、「弱さ」を「上品さ」と見る文化的な価値観の裏返しに支えられていると見られる。

　最後に、母音が子音ほど音象徴的に重要な役割を持っていないかもしれないということを示す点がもう1点ある。それは、第6章で扱うオノマトペの体系内での弁別的な口蓋化と母音の関係である。口蓋化された子音を含む音節では、好まれる母音に /a/ ＞ /o/ ＞ /u/ のランキングがある。このような口蓋化と母音の関係には、音象徴的な必然性はなく、むしろ、自律的な音韻制約が関与しているらしい。ということは、オノマトペにおいて母音の音象徴はある状況で無視しうるということで

ある。この点は、第4章で、オノマトペ起源と見られる一般動詞を判定する場合にも考慮に入れることになる。

2.3 その他の音象徴
2.3.1 二重母音 /ui/ と /oi/
二重母音 /ui/ と /oi/ は、「関節や首が弧を描いて動く」という意味を持っている。

» プイと横を向かれてしまった。
» ポイとかごにごみを投げ入れた。
» ピョイとハードルを飛び越えた。
» スイスイ泳いだ。

二重母音 /ai/ を含む唯一のオノマトペ「ワイ」は、このような意味を持たず、「たくさんの人の雑多な音」という意味で、これは、C_2 での硬口蓋接近音 /y/ の持つ「輪郭のはっきりしない様子」という意味、あるいは、弁別的な口蓋化の「雑多なもの」という意味と共通部分がある。また、津軽方言の「ワヤ」は、「雑然として騒々しい様子」という意味がある。そこで、「ワイ」は、/wayi/ に由来し、オノマトペの体系には、二重母音 /ai/ は存在しないと見なしていいだろう。

2.3.2 拍の挿入
一般的に言って、拍の挿入は何らかの強調の意味を加える。長音、撥音、促音などの形での拍の挿入が、オノマトペの中で非常に基本的な音象徴の要素であることは、いわゆる非拍方言である津軽方言でも、オノマトペには、このメカニズムが多用されることから分かる。津軽方言は、北奥に広がるいわゆる非拍方言の1つである。非拍方言では、特殊拍と言われる、長音、二重母音の第2要素、撥音、促音などが極めて短く、音韻論的な独立の拍を形成しにくい。ことに津軽方言は、北奥方言の中でも、秋田、八戸方言よりさらにこの特徴が著しい(平山

1982)。そのため、共通語の「消える」に当たる語は、「けˆる」、「重箱」に当たる語は、「じゅˆばご」、「新聞」に当たる語は、「すˆぶ(ん)」と発音される。また、動詞の活用形の「打った、組んだ」などは、「うた、くˆだ」と発音され「歌、管」と区別がない。にもかかわらず、音象徴では、強調の要素として、長さが重要な位置を占めているため、長音、撥音、促音などが多用される。

» 服ばジョージョど、濡らすできたでば。
(服をびしょ濡れにしてきたじゃないか。)
» ベチャンベチャンにやっつけた。(徹底的にやっつけた。)
» ズッパど しゃˆべてけだ。(容赦なく言ってやった。)

2.3.2.1　語末の促音「ッ」

「ピッ、カタッ」、津軽方言の「カタラッ、グニャラッ」等に見られる語末の促音は、CV タイプでも、CVCV タイプでも、「音や運動が急激で、唐突に終結、収束すること」を示すことが多い。

» ピッと笛をふいた。
» 稲妻がピカッと光った。
» 音信がパタッと途絶えた。

ただし、促音の意味は、次のように明確でないことも多い。

» ボケッと突っ立っていた。
» 毎日ボヤッと過ごしている。

これは、CV タイプの語根も CVCV タイプの語根も単独で現れることはほとんどなく、重複形でない限り、促音または撥音が必要になり、その上、次に見るように、促音と撥音では、撥音の方がより具象的な音象徴を持っているために、促音は、デフォルトになるからである。実際、

Kakehi et al.(1996)に含まれた CVCV タイプの語根の 2 分の 1 近くが、促音を伴って現れることができる。対して、撥音は、5 分の 1 程度である。

2.3.2.2　語末の撥音「ン」

「ポン、カン」など CV タイプのオノマトペに見られる語末の撥音は、一般に、「音や運動が余韻ないしは反動、跳ね返りを伴うこと」を意味している。ただし、「プーン、クン」のように母音が /u/ の場合は、次のように、「鼻に関係する」という意味もある。

» <u>プーン</u>といい匂いがした。
» 犬は、あたりを<u>クンクン</u>かぎまわった。

CVCV タイプの場合も、「パタン、ガタン、ザブン」等多くに見られる語末の撥音は、「余韻のある音」、または、「運動の力が余って、跳ね返りを伴うか、反動を感じるか、あるいは、それが可能な状態」であることを意味している。

» <u>ペタン</u>とはんこを押した。
» ドアが<u>バタン</u>と閉まった。
» 背筋を<u>ビクン</u>と伸ばした。
» 耳たぶが<u>プクン</u>と膨れている。

鼻に関係する CVCV タイプのオノマトペで「ン」を含むものも下のようにいくつかあるが、「ン」自体は、「余韻」を表していると捉える方が適切であろう。

» 鼻を<u>グスン</u>とした。
» <u>クシャン</u>とくしゃみをした。

「ン」の音象徴は、「パクン、ゴクン、ツルン」にも興味ある意味を加えている。これらは、「物を食べたり飲んだりする様子」を表すが、「パクッ、ゴクッ、ツルッ」と比べて、口に入れるだけに終わらないで、「胃へ飲み込むこと」を表している。下の例でも、「パクン」は「飲み込むこと」を意味し、「パクッ」は単に「口に入れること」を意味する。

» 犬はおもちゃをパクンと飲み込んでしまった。
» 犬はおもちゃをパクッと口にくわえた。

この違いは、口を開けるだけの時には「パクン」が使えないことから、さらにはっきりする。

» 犬は口を {パクッ／*パクン} と開けた。

「ッ」が「運動の収束」を意味することを考慮すると、この「ン」の使い方は、「ン」の持つ「過剰なエネルギーにより運動が収束せず進行する」という意味によると考えられる。

最後に、CVCVに独特の「ン」の意味は、「ポカン」に見られるもので、「混乱したり、沈んだ精神状態」を表すと見られる。「ポカン」には、下のように、多義がある。

» ポカンと殴られた。
» 口をポカンとあけた。
» 心にポカンと穴があいた。
» ポカンと立ちすくんでいた。

このうち、1番目の使い方は、具象的な音象徴としての使い方だが、2番目では、「ン」は、反動というより、「開けられたものがそのままの状態でいる」という意味を表すことによって、「呆然とした状況」という意味に寄与するらしい。つまり、これは、「余波」という意味が、「結果

の状態」という意味に拡張しているのだと考えられる。とすると、さらに心の領域に入っている最後の2つの使い方も、「結果の状態」を表すと考えられる。このような「ン」の使い方は、「ポカン」以外にも、「ショボン、トロン、キョトン、グデン」などに見られるが、これらも、同じような意味の拡張を経たものと考えられる。

2.3.3　接中辞「ッ／ン」

次にCVCVタイプへの接中辞の挿入の意味を考えよう。「ピッタリ、カッタン、フンワリ」、等に見られる1拍の挿入は、「運動に強い力が加わっていること」、あるいは、「状況が著しい」という意味を持っている。拍を満たす音素は、促音か撥音だが、どちらが現れるかは、C_2の子音による。C_2が無声阻害音(破裂音・破擦音・摩擦音)の場合は、促音が現れる。この例はかなりあり、Hamano(1998)の付録資料Cに準拠すると、「リ形」だけでも、90例ほどある。下の例は、そのうち、/p/で始まるものである。

　　ピッチリ、ピッタリ、ペッタリ、パッチリ、パッタリ、ポッチリ、
　　ポッテリ、ポッツリ、プッツリ、パッカリ、パックリ、ポッキリ、
　　ポッカリ、ポッコリ、ポックリ

一方、C_2が有声阻害音、鼻音または接近音の場合は、撥音が現れる。

　　ボンヤリ、ヒンヤリ、フンワリ、マンジリ、アングリ、チンマリ、
　　ドンヨリ、シンナリ、ザンブリ、ズングリ、ニンマリ、ノンビリ、
　　ゲンナリ

ただし、このタイプは、促音の場合の7分の1ほどにすぎず、しかも、この中には、オノマトペかどうか明らかでない「ヒンヤリ」や「ノンビリ」も入っている。既に触れた通り、/p/を語頭に持つオノマトペにはこのタイプがないことを考慮しても、撥音が現れるものは、例外的だと

言える。

　ついでながら、津軽方言では、「カッタラ、ガッタラ、ガッダラ、グンニャラ、ウンジャリ」などから分かるように、上記の条件は、促音は鼻音化されない阻害音の前に、撥音は鼻音化された阻害音、鼻音、および接近音の前に現れる、というふうになる。

　ところで、共通語でも、津軽方言でも、歯茎弾き音 /r/ の前ではどちらのタイプの強調の要素も現れない。そこで、「ピリリ」や「ゴロリ」はあっても、次のようなオノマトペはありえない。

　　*ピンリリ、*ピッリリ、*ゴンリリ、*ゴッリリ

これは、意味上の制約とは、考えにくい。また、発声上の制限とも考えにくい。日本語全体で見ると、「ンリ」は、「心理」「管理」などの多くの言葉に現れる。したがって、発声は可能なのである。また、イタリアの土地名の「モンテベッロ」やイタリア語からの借用語の「リモンチェッロ」では、「ッロ」が受け入れられている。「ッリ」は、発声は可能なのである。が、オノマトペの中では、/r/ は C_1 には現れないとか、第6章でも見るように口蓋化されないとか、様々な音韻上の制約を受ける。「ンリ／ッリ」がないのもオノマトペに独特の音韻上の制約のようである。

2.3.4　長音化

　CVタイプの語根の場合、「ピーッ」や「ピーン」のように母音が長音化する。CVCVタイプの語根の場合、長音化は、語末の撥音の前の母音、及び、例外的に語末の促音の前の母音に限られる。つまり、「カターン」「ガターン」「ガタッ」はあっても、「*カータン」や「*ガータッ」は、ありえない。日本語全体では、オノマトペで許容されない「*カータン」のパターンが、「ミーちゃん」、「コーたん」など、名前の短縮形に多用される。オノマトペに特有の状況は、音韻上の制約というよりも、類像的な動機に由来するらしい。長音の意味は、撥音の前で

は、「語末の撥音で表される運動の反動が持続すること」であり、促音の前では、「接触があってから、それ以前と同じ方向に運動が継続すること」だからである。

2.3.5 重複

　重複は、頻繁に使われる造語法である。「雨戸がカタカタ言った、ガタガタッと揺れた」などに見られる重複はその中で最も模倣性の高い重複だと言える。このような反復は、「物がぶつかるというような運動が実際に数回連続して行われたこと」を意味している。「雨がポツポツ降ってきた」や「ペコペコお辞儀をした」の「ポツポツ」、「ペコペコ」も「連続して数回同じ運動が繰り返されたこと」を示す。一方「意見がコロコロかわる」の場合は、続けてというよりは、「頻度の高さ」を意味している。

　運動が繰り返されるのを描写するのではなく、「運動をしうる物体が複数分布している」という意味の場合もある。例えば、「丸太がゴロゴロ転がっている」は、「多く存在する」という意味を持っている。

　以上は、副詞用法での重複の意味である。ついでながら、「する動詞」の場合には、重複はしばしば、「運動が複数回あるいは複数の箇所で繰り返された結果」を示す。例えば、「ベニヤの板がベコベコしている」は、「ベコッ」という運動が数カ所で繰り返された結果の状態である。また、複数のものというよりは、「ある程度の期間続く、物の物理的特徴や精神的な状態」を示す場合も多い。「手がカサカサしている」は、「物の乾燥状態」を表す。「ビクビクしている」は、「ビク」という動作を今にもしうる精神的な状態である。

2.3.6 接尾辞「リ」

　造語法の中である意味で最もオノマトペに特徴的なのは、CVCVタイプでの「リ」の接尾辞的使用である。「リ」は「ッ」、「ン」と比べて「運動がゆったりとあるいは静かに起こること」を表す。

» ポカッと穴があいた。
» ポカンと穴があいた。
» ポカリと穴があいた。

ただし、「リ」は、あまり具体的な意味を持っているわけではないと見られる。ちなみに、津軽方言では、「リ」より、「ラ」の方がより頻繁に使われ、しかも、これは、共通語の「リ」がつかないような CVCV タイプの語根にもつく。

» 飯をカサラと盛る。（共通語 :*カサリ）
» バカラと紙がはげた。（共通語 :*バカリ）

これも具体的な意味を持っているわけではなく、生き生きとした暖かい表現であるということを表示している他には、意味はないと思われる。音象徴機能には、ただ単に意識を語彙に引き付けて「生き生きとした描写」であることを喚起させるような役割も含まれる。津軽方言の接尾辞の「ラ」は、その1つなのである。

共通語の「リ」の分布は、不明な点が多く、もっと詳しく調べる必要がある。が、いずれにせよ、このような具象性の欠如のため、このタイプのオノマトペは、一般語彙化の1歩手前にあるようで、特に「キッチリ、バッチリ」のように接中辞の入ったものが、一般語彙化されやすい。そのことについては、第3章で扱う。

2.3.7 アクセント

音象徴機能には、「生き生きとした描写」であることを喚起させるだけの役割も含まれることは津軽方言の接尾辞「ラ」に関して指摘した。共通語のオノマトペの中では、イントネーションや、アクセントが、同様の目的のために使われる。

最も具象的な音象徴のレベルにある副詞用法では、何らかの形でピッチの高低が利用される。中でも特に音象徴性の高い「(っ)て」がつく場

合は、語彙的なアクセントの代わりに、特徴的なイントネーションのパターンが現れる。すなわち、「エーンって、ササって、ガタンって、カタカタって」などでは、ピッチは「て」の直前まで高く保たれ、「て」で急に下降する。これは、オノマトペを特に劇的に際立たせる方法だと言える。このイントネーションは「と」にも使われないことはないが、「て」の場合は必ずこのパターンでなければならない。

これほど劇的でない「と」を伴って現れる副詞用法の多くでも、「ピーピー、ピ'カピカ、ポッカ'リ、ピ'ッと、パッパと、パカ'ンと、ピピピ'ッと、ポカポカ'ッと」のように、アクセントが現れる。ただし、アクセントがあるオノマトペでも、アクセントが語のどこに現れるかは、音象徴的な動機によるのではなく、第5章で見るように、韻律制約によっている。

アクセントによる音象徴性の違いは、例えば「キ'ッと」と「きっと（無アクセント）」を比べるとはっきりする。

» 彼女は、唇を噛んで、キ'ッと見つめた。
» 明日は、きっと雪が降るよ。

「キ'ッと見つめる」の「キ'ッと」は、「（目を）堅く緊張させて」と言う /ki/ の基本的な具象的音象徴的な意味を持っていて、状態の描写に使われる。一方、「きっと降る」の「きっと」は、「確実に」という、より慣用化された意味を持っていて、確信の程度を表す副詞として語彙化されている。語彙化が完全に進み、オノマトペとしての意識が薄れたことは、アクセントがないことだけでなく、辞書でも、「と」を含んだものが見出し語としてあげられ、ひらがな書きが普通になっていることからも分かる。

このような対立は、他にも、「チャ'ンと、ズ'ッと、ザ'ッと、グ'ッと、ウ'ンと」対「ちゃんと、ざっと、ずっと、きっと、ぐっと、うんと」などに見られ、後者は、状態の描写ではなく、程度を表す副詞になっている。

» 棚の上から、粉がザッと落ちてきた。
» 午前中に、書類にざっと目を通した。

» 椅子をグッと前に押した。
» この組み合わせの方が、ぐっといい。

アクセントを持っている副詞用法と対応する「する動詞」にも、同じ対立が見られる。

» 鍵穴に油をさしこむと、鍵は、スッと中に入った。
» 気持ちがスッとした。

アクセントのある方が事態の具体的な描写であり、個々の音と意味のつながりが生きていることが分かる。アクセントのある対応形態がない「ギョッとする、ホッとする」などの「する動詞」が、感情や態度を表す擬情語であるのもこの一般化に則している。

さらに、副詞用法の「ガラガラ音がする」、「フラフラと前に倒れた」と形容詞的な「電車がガラガラにすいた」、「フラフラに疲れた」を較べても、事態の動的描写である副詞用法の方にアクセントがあることが分かる。

2.4 オノマトペはどこまで擬音語か

第 1 章で、CV タイプの語根をもとにしたものは、CVCV タイプの語根をもとにしたものより単純な音や運動を表していることを確認した。ところで、Hamano (1998) で著者は、CV タイプの語根をもとにしたものには、擬音語が多いと言った。それは確かにそうであるのだが、CV タイプの語根をもとにしたものが擬音語だとは限らない。これを端的に示しているのは、「シンと静まり返った」の「シン」である。この語は、/s/ (抵抗のない表面を滑る) と /iN/ (CV タイプの擬音語に繁用されるライム) からなっていて、「抵抗のない表面を滑るように静か」という意味

を持っている。この「シン」は、音に関連するという意味では広義の擬音語だが、音のない状況を表しており、オノマトペ体系の中の擬音というのが、抽象的なレベルの現象で、必ずしも音をまねてはいないことを示唆している。

CV タイプのオノマトペでもこのような状況であれば、分析性の高い CVCV オノマトペでは、どうなのだろうか。次に、CV タイプと CVCV タイプのオノマトペに分けて、どのようなものが擬音語なのか、見てみよう。

2.4.1 CV タイプの語根から派生する擬音語

擬音語が多いと思われている CV タイプのオノマトペでさえ、かなりのものが実は音の模倣ではないことは、/p/ を語頭に持つものを詳しく調べてみると、はっきりする。

/p/ を語頭に持つ「ピー、ペー、パー、ポー、プー、ピッ、ペッ、パッ、ポッ、プッ、ピン、ペン、パン、ポン、プン」について考えてみよう。これらのオノマトペの間には、擬音語として受け取られる度合いに差があるのである。すなわち、「ピー、プー、ピッ、プッ、ピン、パン、ポン」は、「ペー、パー、ポー、ピッ、ペッ、パッ、ポッ、ペン、プン」より、擬音語性が高い。この違いは、重複形にしても、変わらない。例えば、「ピーピー」は擬音語だが、「パーパー」は、擬音語ではない。

この主張は、Kakehi et al.(1996)のような辞書の擬音語擬態語の区別でもある程度裏付けられるが、オンラインの検索ではもっと明確に裏付けられる。次の3つの表は、2013年5月23日から25日の間に上記の表現をグーグルで検索した結果である。検索には、「＿＿＿という音がした」、「＿＿＿という音が聞こえた」の2つのフレームを利用した。このフレームを使ったのは、これらが、音を概念として捉えるのではなく、実際に認識した音を報告するのに使われると考えたからである。オノマトペの部分は、カタカナとひらがなの双方で検索した。

	という 音がした	という 音が聞こえた		という 音がした	という 音が聞こえた
ピー	81,500	42,500	ぴー	3,270	6
ペー	0	0	ぺー	0	0
パー	0	0	ぱー	165	0
ポー	5	2,690	ぽー	0	5
プー	19,100	5,100	ぷー	1	0

	という 音がした	という 音が聞こえた		という 音がした	という 音が聞こえた
ピッ	60,000	25,900	ぴっ	9	3
ペッ	359	93	ぺっ	7	8
パッ	4	260	ぱっ	2	2
ポッ	3,070	4	ぽっ	2	4
プッ	13,200	3,890	ぷっ	16,600	12,800

	という 音がした	という 音が聞こえた		という 音がした	という 音が聞こえた
ピン	16,200	3,900	ぴん	5	0
ペン	0	7	ぺん	1	1
パン	108,000	44,800	ぱん	14,900	8
ポン	35,200	24,000	ぽん	20,400	13,900
プン	4	0	ぷん	1,490	798

　検索結果の中には、外来語や、「タプン、トプン、スパッ」などがわずかに入っている可能性があり、その点では、検索結果を全面的に信用するわけにはいかないが、それでも、大体の傾向はつかめる。（重複形も混じっているが、それは、分析に影響を与えない。）

　まず、カタカナとひらがなでは、/p/ で始まる語の場合、カタカナの方が主流である。ただし、ひらがなの「ぷっ」は例外で、カタカナの「プッ」以上に使われ、「人間や身近にいるペットの発する音」、特に「屁」を表している。

さらに分かることは、予想通り、「ピー、プー、ピッ、プッ、ピン、パン、ポン」が音を報告するのに使われる一方、その他の表現は、ほとんど音としては報告されないか、全く存在しないということである。既に見たように、オノマトペでは、/e/ はあまり使われないことを考慮すると、「ペ」で始まるものがこのデータにあまり出てこないことは、納得がいく。擬音語であれ擬態語であれ、「ペー、ペッ、ペン」は、使用頻度が一般に低いのである。一方「パッ、ポッ、プン」は、非常に頻度の高いオノマトペである。これが上記のデータに出てこないのは、これらが、擬音語として捉えられていないからだということになる。つまり、CVタイプの語根をもとにしたものにも、擬音語として認識されやすいものとされにくいものがあるのである。

そこで、次に、擬音語として捉えやすいものと捉えにくいものにはそれぞれ何か共通の要素があるのか探ってみよう。すると、まず分かることは、一般に、狭母音 /i, u/ を含むものが音を表しやすいことである。この理由で、「ピー、プー、ピッ、プッ、ピン」が音を報告するために使われる。また、語末に撥音「ン」があるものも音を表しやすい。そこで、この理由で「ピン、パン、ポン」が音の伝達に使われる。こうして、「ピン」は2つの理由で、擬音語と捉えやすいということになる。一方、広母音 /a/ を含むものは、音を表しにくい。特に「パッ」は、音として捉えにくく、「緊張した表面が大きく破裂する」という運動の音象徴が基本である。

この一般化には、ただし、例外がある。「プン」は、狭母音 /u/ と「ン」を含むにもかかわらず、音の報告には、使われない。「プン」の意味は、下の例が示すように、音ではなく、「強い臭い」か「怒り」である。

» 冷蔵庫を開けたら魚の臭いが<u>プン</u>とした。
» そんなに<u>プンプン</u>怒らないで。

「強い臭い」に使われるのは、/p/ が「爆発的」という意味を持ち、

/u/ が「鼻」、「ン」が「長く残る効果」に関係するからである。また、怒りの表現に使われるのは、「怒りは、身体から沸き出る物質」というメタファー(Lakoff & Johnson 1980)によると見られる。とすると、「プン」は、基本的に臭いの表現であることになるが、いずれにせよ擬音語ではない。

　狭母音 /u/ と「ン」の組み合わせの /uN/ が音質を表さないという特徴は、他の子音を語頭に持つ CV タイプのオノマトペにも、多く見られる。例えば、「ミンミン」は、「蝉の音」であるが、「ムンムン」は、「身体から出る熱気」の表現であり、音の意味はない。また、「チン、トン、タン」は何かの「音を出す叩き方」の表現であるが、「ツン」は「刺激臭」や「気取った表情」の表現である。「ヒン」は「馬のいななき」であるが、「フン」は「（鼻にもかけないで）無視する（あるいは、鼻であしらう）態度」を表す。/uN/ が音を表すものもあることはあり、「クンクン」は「臭いをかぐために鼻から空気を吸い込む時に発生する音」を表し、「クーンクーン」は「犬などの鼻にかかった甘えた鳴き声」を表すが、むしろ例外である。ただし、口蓋化された子音を含む /CyuN/ のパターンの「ピュン、チュン、シュン、キュン」なども音を表すが、これは上記の一般化の例外ではない。そもそも、擬音語としての認識に寄与する母音 /i/ の前で、子音は一般に非弁別的に口蓋化されている(Vance 2008)。つまり、CV タイプの場合、口蓋化が擬音語の 1 つの条件と言ってもよい。/uN/ の組み合わせでも、口蓋化があれば、擬音語と捉えられるわけである。

　こうして、CV タイプの語根から成るオノマトペのうち、純粋に擬音語と認識されるものには、特殊な条件があることが分かった。これは、「＿＿＿という音がした／聞こえた」のフレームを使ってはじめて分かることである。この結果は、さらに国立国語研究所の「現代日本語書き言葉均衡コーパス」でも裏付けられた。「少納言」を使って「という音が｛し／す／聞こえ｝」という文字列を検索してみると、その文字列の前に、36 例の CV タイプのオノマトペが表示される。このうち、14 例は、/i/ ないしは口蓋化を含み、17 例は、「ン」を含んでいた。

/i/ ないしは口蓋化を含む例

　　キューーーーーーーーーーー、シュー、シューッ、シュッ、シューシュー、ジャー、ジュツ、ジュー、ビーッ、ジーッ、ピー、ミンミン、チン、ヒューン

「ン」を含む例

　　バン、カンカン、ミンミン、トントン、ゴン、ドン、チン、バン、バーン、ボン、ドンッ、ドンドン（2例）、ドン、ポンポン、ポーン、コン

その他は、6例あり、それらは、重複形か長音を含むものであった。

　　ザーッ、ザザッ、ガガー、ゴゴゴ、ググッ、ゼーゼー

これらは、重複や、長音も、擬音語の重要な要素らしいことを示唆しているが、いずれにせよ、CVタイプのオノマトペの全てが擬音語ではないという主張は、通りそうである。

2.4.2　CVCVタイプの語根から派生する擬音語

　前項では、CVタイプのオノマトペの全てが擬音語というわけではないことを指摘した。「パッ」や「プン」は、運動の音象徴を中核とするオノマトペなのである。ただ、これは、CVタイプの模倣性の高さを否定するものではない。CVCVタイプと比べると、CVタイプのオノマトペは、時間軸での音素の並び方と意味の間にかなりの写像関係が保たれている。例えば、「パン」は、「緊張した(/p/)広い表面(/a/)への打撃または破裂(/p/)で音が生成された後、余韻が続く(/N/)こと」を表していると考えられる。音が接触によって発生するように、運動に関わる表面の性質と運動のタイプは、同一または接触した音素によって表現されているわけである。

　一方、CVCVタイプでは、擬音語と考えられているものでも、この

ような写像関係が大きく崩れている。例えば、Chang (1990) は、「ガツッ」を擬音語だとするが、この語は、「硬い平たい表面に叩き込む」という運動の意味の音象徴を一義とし、二義的に「運動によって生成される音」の意味を持っている。しかし、そのような運動の結果生成された実際の音とこのオノマトペの「ガツ」の部分とは、CV タイプのような写像関係にありえない。まず、「ガツ」は「ガ」の音がしてから「ツ」の音がすることを表しているわけではない。さらに、物理的な世界では、音は、硬いものが叩かれた時に生成されるわけだから、それを模倣的に表すためには、/g/ と /t/ は接触していなければならない。しかし、このオノマトペは、CVCV の形をとっているため、子音の表す表面の質と打撃のタイプが母音の表す物体または運動の形と交錯していて、1つの時間軸では、接触していない。もちろん、子音と母音が2つの別個の時間軸に属し、意味の領域でもそれに対応する2つの軸があると考えることは可能だが、そのような抽象的な類像関係は、音の模倣とは言いがたい。

　にもかかわらず、擬音語とされる CVCV タイプのオノマトペがかなりある。Kakehi et al. (1996) では、理論的に擬音語と分類しているわけではないと言っているが、それでも、音の描写に使われるという意味で、「S」という表示をしているものが「パチパチ、バタバタ、カチカチ、カラカラ」など、多数ある。そして、それらは、浅野 (1978) や Chang (1990) などの辞書でも擬音語とされているものである。それでは、これらの擬音語、または、音に関係すると言われるオノマトペは、どのような特徴を持っているのだろうか。Kakehi et al. (1996) に含まれている /p/ を語頭に持つ CVCV タイプのオノマトペから、この問題を探ってみることにする。すると、次のようなことが分かる。

　まず、「ペラペラ、ペチャペチャ、ポソポソ」は、話し方を比喩的に捉えているもので、音をまねた擬音語とは言えないので、対象から外すべきである。

　次に、音に関係すると言われる CVCV タイプのオノマトペの大多数は、音を出しうる運動 (落ちる、叩く、弾く、刺す、こすれる、折れる、

裂ける、割れる、泡をふく)のオノマトペである。そして、落ちる、叩く、弾く、刺す、あるいは、こすれることによって、音が出る場合は、本章で展開してきた、運動を中核とする音象徴の分析から予想できるように、C_2 に /t/、または、/s/ が現れる。

　　パタッ、パタン、パタンパタン、パタパタ、パタリ、プツッ、プツン、プツプツ、パシッ、パシン、パシパシ、プスッ、プスリ、など

折れる、裂ける運動の場合には、/k/、または、/r/ で、かつ、V_2 に /i/ が現れる。これも音象徴の分析から予想できる通りである。

　　パキッ、ポキッ、ポキン、ポキポキ、ポキリ、ポッキリ、パリッ、パリン、パリパリ、ポリッ、ポリポリ、など

大きく割れたり、へこむ場合、または、泡をふく場合は、C_2 が /k/ になる。V_2 には、/a/、/o/、/u/ が現れる。

　　ポカッ、ポカン、ポカポカ、ポカリ、ポコッ、ポコン、ポコポコ、プクッ、プクプク

　その他は、動物の音、弦楽器、太鼓、木魚など、特定の楽器の音がいくつかあるが、これらも、笛の「ピリリ」、鳥の「ピヨピヨ」を除いては、音を出すための運動のオノマトペだと言える。

　　パカパカ(馬のひづめ、上下運動)、ポコ(太鼓、上下運動)、ポク(木魚、上下運動)、ポロン(弦楽器、弾く運動)

　/p/ を語頭に持つものの外でも、副詞用法に見られる具象的な音象徴のレベルでは、運動のタイプ、運動に関与する物体の性質が音象徴の中心をしめる。すなわち、日本語のオノマトペの体系の中、特に CVCV

タイプのオノマトペでは、物の音は、物の運動の副産物なのである。

　ただ、この主張は、運動を基本にした分析的な音象徴を一義的意味とし、擬音語の方が意味の拡張の結果だと主張するものである。上記のオノマトペは、擬音語としても擬態語としても使われているので、まず、本書で主張している、運動を中核とする音象徴を一義的なものと認めなければ、擬音語の方が拡張された結果だという根拠はないという指摘が出るかもしれない。そこで、次に、基本的には擬態語としてしか使われない語根が、状況によって擬音語になるケースを見てみよう。それは、まず、「コロッ」と「コロコロ」の場合である。

　「コロッ」は、「硬くて軽いものが1回転して移動する」ことを意味する。このような軽いものの回転の場合、物理的に音は出ても、概念的に運動は音と結びつかず、したがって、音は意味に含まれていない。「コロッ」に音の意味がないことは、浅野(1978)、Chang(1990)、Kakehi et al.(1996)などのオノマトペ辞典でも確認できるし、CVタイプに関して使った「＿＿＿という音がした」というフレームを使ったオンライン検索でも確認できる。つまり、語根「コロ」には、音の意味は、ないわけである。しかし、面白いことに、1回の運動では、音として認識されなくても、同じものが連続して移動すると、音としてイメージが固定しやすくなるらしく、上記のオノマトペ辞典でも、「コロコロ」は擬音語としてもリストされているし、オンライン検索でも確認できる。この類には他にも「硬いものが連続的に回転して音を出すこと」を表す「カラカラ」、「何かに連続的に当たってこすれる音」を表す「キシキシ」などがある。これらも、語根のレベルでは、音を含んでいないと見てよいだろう。つまり、これらの擬音語用法は、経験を介した拡張の結果なのである。

　同様に、「コロッ」の語頭を有声化した、「ゴロッ」は、実際に重くて硬い、丸いものが、1回転する状況を描写する時には、「コロッ」と同様、音を意味しない。それが、「ゴロゴロ」になると、音も意味する。これも、そのような重いものが回転し続ければ、それとして認識しやすい音が発生するという経験に支えられているらしい。ただし、「ゴロッ」

の場合は、「お腹がゴロッと鳴った」とか、「雷がゴロッと鳴った」のように、擬音語と見なされているものもあるが、著者は、これは、メトニミーによって擬音語化した「ゴロゴロ」からの逆成だと考えている。

　この立場は、普通にとられている日本語のオノマトペの理解とは違う。例えば、井上（2013）では、多義的オノマトペの拡張された意味は、「聴覚的・視覚的含意が見られる擬音語・擬態語用法から、視覚的含意が焦点化された擬態語用法」(井上 2013: 206)であると言っている。本書では、逆に、CVCV タイプのオノマトペの場合、擬態語用法が先で、擬音語用法は拡張だと言っているわけである。

　運動に関する音象徴が日本語のオノマトペで中心的役割を占めていると見ることは、CVCV タイプに限らず CV タイプのオノマトペの意味の拡張を理解する時にも重要である。次章では、この点について詳しく見ることにしよう。

第 3 章　オノマトペの意味の拡張

第2章では、日本語のオノマトペのシステムでは、運動の音象徴が中核を占めることを明らかにした。しかし、日本語のオノマトペは流動的でダイナミックなシステムであり、ある1つのタイプの音象徴に固定化されているものではない。オノマトペ全体を見回してみると、個々の語彙の音と意味の結びつき方は様々で、ざっと見ても次のようなタイプがある。

　まず、「ワンワン」、「ミンミン」のような動物のなき声の音まねがある。次に、「パーン」や「ハッ」のように語彙の発声方法と語彙が指示するものの間にかなり強い相似関係があるという点で模倣的なものがある。さらに、「カチカチ」対「チカチカ」のように、音の持つ意味が位置によって制約されているという点では模倣性が落ちているものがある。しかし、これらは、まだかなり具象的な音象徴を持っている。加えて、「ワクワク」や「キッパリ」のように、感情や態度といった抽象的な音象徴を持つものがある。最後に、「ぐっと」のように、運動とは全く関係がなくなって程度副詞になっているものや、「きっと」のように、確信の度合いを示す陳述副詞になっているものがある(このタイプは通常ひらがなだけで表記される)。しかも、1つのオノマトペでも、「ギリギリ」や「カラカラ」のように、多様な意味を持ち、品詞的にも、いくつにもまたがるようなものが多数ある。

　このダイナミックなシステムの中で、個々の語の意味は変化し続ける。そして、それは、呂(2003)が「コロコロ、コロッ、ゴロゴロ、ゴロッ」の認知言語学的分析でも主張しているように、圧倒的にメタファー(隠喩)とメトニミー(換喩)のリンクによって起こる。音象徴自体、1種の比喩であるのだが、オノマトペは、音象徴に始まる、巨大な、広義の意味での比喩の構造だと言ってもいい。

　本章では、オノマトペ語彙の意味がメタファー及びメトニミーによって拡張される過程を、副詞用法に限って考察しよう。そのような拡張と様々な構造的な変化を経て、オノマトペが語彙化されていく過程については、第4章で扱うことにする。また、本章は、最初の分析の段階で対象をCVCVタイプのオノマトペに限っている。それは、CVCVタイ

プの意味の拡張を詳しく見れば、オノマトペで最も生産的なメタファーが、結局は、オノマトペの意味の中核である「運動」の音象徴に基盤をおくメタファーであることが明らかになってくるからである。また、この視点は、CVタイプの持つ1種のパラドックス、すなわち、擬音語が多く、ある意味で最もオノマトペ的だと思われがちなCVタイプが音象徴とは関係のなさそうな程度副詞を派生する不思議を解き明かしてくれる。

3.1 メタファーによるCVCVタイプの意味の拡張

メタファーとは、簡単に言えば、何かを何かに見立てることであると言われる(瀬戸1993)。それは、もう少し厳密に定義すると、ある認識領域(起点領域)の1つの要素を使って他の認識領域(目標領域)内の要素を指示することである(Kövecsces 2010)。この場合、通常、起点領域は、卑近な具体的な領域が選ばれ、目標領域は、より抽象的な概念領域が選ばれる。また、成功するメタファーでは、2つの認識領域の要素と要素間の関係に多くの平行性を認めることができる。一般語彙のメタファーの例としては、次のようなものがある。

「橋渡しをする」の「橋」とは何だろう。この表現の場合、「橋」は、本当の橋ではないが、橋が川の両岸をつなぐように、離れた人間をつなぐ。「橋」は必然的に「川」のイメージも喚起し、これと同じようなものの存在を人間関係にも想起させる。実際、人間と人間の間には、社会的距離とか、地理的距離とか、あるいは、時間的距離のようなものが横たわると考えられている。また、橋の機能の「場所をつなぐ」という機能は、「人間と人間の間にそれまでなかった関係を作る」という機能に投影される。と同時に、川の広さに対する橋の細さは、場所をつなぐ機能の危うさも潜在的に喚起させる。このような「橋」の概念は、言語だけでなく、それをとりまく文化の中で様々なところに顔を出す。このように、文化的社会的に重要なメタファーが言語、文学、芸術、科学などの様々な分野で概念構造の一部となっていることは、Lakoff & Johnson (1980)やLakoff & Nunez(2000)などによって明らかにされている。そ

のようなメタファーは、個人の独創的想像力によって単独に生産されるのではなく、集団に共有される概念構造の枠組みの中で機能する。このような観点から見た場合、言語は巨大なメタファーのネットワークである。

オノマトペの意味の拡張も、メタファーによるところが大きい。そして、オノマトペのメタファーも、概念構造の一部であり、単独のメタファーとして存在するのではなく、多くの場合、存在するメタファーのシステムによりどころを求めている。オノマトペがもともと独自の概念構造を持っていても、それがどのようにオノマトペ外の概念構造と関わりあうかによって、オノマトペの意味は変わってくる。

ただ、既存のメタファーは、様々な領域にわたるが、特にCVCVタイプの副詞用法のオノマトペをめぐるメタファーは、圧倒的に運動のメタファーであり、その点では限定されている。これは、もちろんこれらが副詞用法であることと、第2章でも見たようにCVCVタイプのオノマトペの音象徴が運動を中心にしていることの反映であろう。

それでは、次には、オノマトペがどのようにメタファーとして使われ意味を拡張していくかを具体的に見てみよう。

3.1.1 視覚から認識への拡張

はじめに、ごく基本的な「分かることは見ること」(Lakoff & Johnson 1980)というメタファーに基づくオノマトペの意味の拡張を見よう。英語でもそうだが、日本語のメタファー研究でも、具象的な「視覚」から抽象的な「認識」への拡張は代表的なメタファーとして知られている（瀬戸1993）。それは、「私見」や「意見」の「見」が「考え」を表していることや、「見通し」が「予想」の意味に拡張していることからも明らかである。同様に「視覚」に関するオノマトペからも「認識」への拡張が起こる。例えば、「ボンヤリと見える」とか「ボンヤリと霞む」の「ボンヤリ」は具象的に「物の輪郭が明確でない様子」を表すが、「ボンヤリ聞こえる、ボンヤリと考える、ボンヤリと過ごす」などの「ボンヤリ」はより抽象的に「知覚が明瞭でないこと」を表す。このようなオノ

マトペの意味の拡張は、オノマトペの外に既にあるメタファーを介して起こっている。

3.1.2 言葉に関するメタファー

　人間にとっての言葉の重要性を反映して、言葉は様々なことができるものとして捉えられ、多くのメタファーが存在する。その1つは、日本語を含む多くの言語に存在する、「言葉」を「刃物」と捉えるメタファーである。これは、日本語では「心に突き刺さる言葉、言葉という刀、切れ味のいい言葉」というような表現に現れている。同時に日本語には、刺すことに関係する具象的なオノマトペが数多く存在する。例えば、「チクチク」や「グサッ」がその例である。「チクチク」は、「チクチク刺す」のように「弛緩した表面を何度も刺すこと」がその具象的な音象徴の内容である。このオノマトペが「言葉は刃物」というメタファーを介して「チクチクと嫌みを言う」(何度も刺すように嫌みを言う)というような表現を生成する。「刺す、切る」という具象的な音象徴から拡張された抽象的なオノマトペ表現は、この他にも、「グサッと皮肉を言う、ブスブス文句を言う、スパッと言う、ズバッと言う、バッサリ言う」など数多い。

　そのほかにも言葉は様々なことができる。その1つの「吹き出る」というメタファーを使えば、「ポツッと言う、ボツボツ話す、ブツブツつぶやく、ブツブツ文句を言う」などが可能である。また、「打ち付けたり、投げつけたりすること」もできる。「ビシッと投げる」というのは「ボールを強く直線的に投げてグラブに当てる」ことを意味するが、抽象的な「ビシッと叱る、ビシッと言う」などでは、「ビシッ」は「言葉が強く直線的に人に当たる様」を表している。

3.1.3　物をはめる行為から抽象的なはめる行為への拡張

　「はめる行為」という具象的な音象徴の領域から抽象的な領域に意味が広がる例を見よう。例えば、「キチキチとスケジュールをこなす」(規則正しく時間通りにスケジュールをこなす)という使い方を考えてみよ

う。「キチ」の音象徴は、「硬い狭い所にはまる、あるいは、はめること」であり、「キチキチ」はそれを繰り返すことと言える。この場合、重要なのは、オノマトペ以前に既に、スケジュールとか予定を「はめるもの」と見なすメタファーが存在することである。それは、「スケジュールにはめる」とか「予定をはずす」などの慣用表現があることからうかがえる。これらは、「はめること」をその音象徴的意味に含む「キチキチ」が、イメージを投影できる目標領域を提供しているのである。そのため、「何度も硬い狭いところにはめるように、日程を変えずにスケジュールをこなす」という意味で「キチキチとスケジュールをこなす」と言うことが可能になる。

3.1.4 物に当たることから物事に対処することへの拡張

「バシッとボールを打つ」の「バシッ」は、「バシッと指摘する」や「バシッと事件の解決に当たる」のように拡張される。これは、「物事に対処する」ことを「物に当たる」ことと見なすメタファーによっている。同じように、「バシバシ問題を指摘する」の場合にも、「非常に強い調子で対処を繰り返すこと」がその意味である。

3.1.5 物への接触から抽象的な対人関係への拡張

具象的な接触の領域から抽象的な接触の領域へ広がるものとしては、「ベタッ、ネチネチ、ニタニタ」などのメタファーがあげられる。

まず、「ベタッと甘える」の「ベタッ」を見てみよう。「ベタッ」の具象的な音象徴は、「表面張力を持つ不快なものが広い範囲で接触する」という意味である。

さて、日本語を含め多くの言語には、「人間関係は接触」(Lakoff & Johnson 1980)というメタファーがあり、「物」の領域で触ることを表す言葉が、人との対人的関係の領域の中でも多用される。例えば、「心に触れる、人にまつわりつく、人につきまとう、人に接触する、〜の側につく」などがあり、中でも「言いつける、こびつく、泣きつく、よりつく」のように「つく」という言葉がよく使われる。また、既に触れた

「橋渡し」の例も、橋の両岸への接触は、橋渡しをする人間と対象の人間との接触を表すという点で、このメタファーを含んでいる。

そこで、オノマトペの中でも、起点領域である物の世界で「不快な広い範囲での接触」を表すのに使われる「ベタッ」を、目標領域の対人関係でも「ベタッと甘える」のように使うことが可能になる。そしてその意味は、「不快に思えるほど人との心理距離を近く持つ」ということである。同じ語根から成る「ベタベタ」が「ベタベタ可愛がる」のように使われるのも同じメタファーによる。「ベタ」に隣接して「不快な接触」の意味を持つ「ベト」が使われないのは、V_2 の /a/ は、「広い範囲」を示すのに対し、/o/ は、「限定された範囲」を示すからである。

次に「ネチネチとそのことを持ち出す」に見られる「ネチ」を見てみよう。「ネチ」の基本的な音象徴的意味は、「望ましくないあり方で、粘性のものがのびてひっついてくる」ということで、「ネチネチ」はそれを繰り返すと言う意味である。これがメタファーとして使われると、「思惑ありげな卑屈な態度や行為をとりつつ人から離れない」という意味になる。

同様に「ニタッと笑う」の「ニタッ」も、具象的な感触の音象徴から、抽象的な対人関係の領域に投影している例である。すなわち、これは、「粘性の物がこびりつくように人に笑いかける」という意味を持っている。対人関係がその拡張された意味の中に含まれていることは、「ニコッと笑う、ニコニコ笑う、ニヤッと笑う、ケラケラ笑う、カラカラ笑う」などと比較するとはっきりする。後者の笑いは、1人でもできる笑いだが、「ニタッ」は、誰かが対象になっている必要がある。

3.1.6 物の回転移動から状態の変化への拡張

次に非常に多義に見える「コロッ」を検討してみよう。「コロッ」の音象徴は、「軽くて硬い小さい球状のものが勢いよく1度回転して平面上を動くこと」である。一方、日本語を含む多くの言語に「変化は移動」(Lakoff & Johnson 1980) というメタファーが存在する。例えば、「乳離れ」という表現は成長過程を「離れる」という言葉で表しているし、

「1年の歩み」も変化の過程を意味する(瀬戸1993)。このメタファーは非常に基本的なメタファーなので、多くの場合、メタファーとは気がつかれないで存在する。このメタファーを介して、様々の状態の変化を「コロッ」で表すことが可能になる。

» 辺りがコロッと変わってしまった。
» 気持ちがコロッと変わった。
» 態度がコロッと変わった。
» コロッと忘れた。
» コロッと錯覚に陥った。
» コロッと死んだ。

ここでは、「(小ぶりのものが勢いよく回転して位置が変わるように)さして目立たず急に何の抵抗もなく状態が変わる」という意味に「コロ」の音象徴の意味が拡張している。「コロッ」のメタファーの認知言語学的分析は、呂(2003)が詳しいが、上記の意味の拡張を認知言語学的に言い換えると、「軽くて硬い小さい球状のトラジェクターの移動がメタファーのリンクになり、移動の様態にあたるものがメタファーの目標領域でプロファイルされている」ということになる。つまり、これも移動という運動を媒介にしたメタファーである。

ところで、「コロ」の意味の拡張の際に位置の変化の意味が重要であることは、重複形「コロコロ」と「クルクル」の違いを示す、次の2つの文からも明らかである。

» 季節がコロコロ変わった。
» 季節がクルクル変わった。

この2つは、どちらも重複形を使って目まぐるしい季節の変化を表しているが、焦点に違いがある。それは、「コロコロ」の方が次から次へ起こる思いがけない変化に注目するのに対して、「クルクル」にはその

ようなニュアンスがないことである。これは、「コロコロ」が「回転しながら、平面を移動する」という意味であるのに対し、「クルクル」は「突き出たものを中心に同じところで回る」という意味を持ち、周期的な変化にしか使えないことによる。この違いは、下の例のように、周期的でない変化には「コロコロ」しか使えないことにも現れている。

» 衣装が ¦コロコロ／*クルクル¦ 変わった。
» 意見が ¦コロコロ／*クルクル¦ 変わった。

「コロコロ」と「クルクル」のメタファーは、「変化は移動」の下位メタファーであり、この2つのオノマトペの意味の拡張でも、具体的な運動のあり方の違いが拡張された意味に反映されるわけである。

3.2 メトニミーによる CVCV タイプの意味の拡張

次に、メトニミーによるオノマトペ語彙の意味の拡張を見よう。呂(2003)も主張しているように、オノマトペの転義においてメトニミーの役割も大きい。

メトニミーとは、ある語を使って直接的に関連がある、あるいは近接したものや概念を示すことで語の意味を拡張することである。これをもう少し、厳密に言うと、経験的に形成された認識領域の1つの要素を使って同じ認識領域内の他の要素を指示することと言える(Kövecsces 2010)。上位概念と下位概念の間のメトニミーは、シネクドキ(提喩)として別に分ける立場もある(瀬戸 1993)が、本書では、まとめてメトニミーとして扱う。一般語彙の例としては、次のようなものがある。

» 「腕があがった」の「腕」が「能力」を指す。
» 「ビートルズを買い集める」の「ビートルズ」が「ビートルズの歌のアルバム」を指す。
» 「肩を落とす」が「落胆すること」を意味する。
» 「夕ご飯」の「ご飯」が料理した米だけでなく、「食事」を指す。

メトニミーは、まず、オノマトペの意味の拡張で一番基本的な意味の拡張に貢献する。それは、第2章で見た、動作のオノマトペが、その動作の作り出す音、つまり随伴的な現象を示すというものである。例えば、「ガタッ」の本来の音象徴は、「重くて硬い平らなものが勢いよく落ちて当たる」という意味だが、そのような運動は、普通特徴的で認識しやすい音を伴う。そこで、「ガタッ」は音も示す。この場合は、概念的というより、聴覚と視覚によって支えられた原初的なメトニミーと言えるだろう。この類には、「カチッ、ピチャッ、ボトン、ドタッ、バシッ」など、「何かに勢いよく当たる」という意味のもの、「ドボン、ザブン、ザブザブ」など、「重いものが水に落ちる、大量の水を動かす」という意味のもの、または、「ポカッ、ポキッ、バキッ、パリッ、ビリッ、ガリッ」など、「穴が開いたり、何かが折れるか裂ける」という意味のもの、「ガラッ」など、「重いものが動く」という意味のものなどがある。「コロッ」のように1回の回転では音を意味しない運動が、「コロコロ」のように複数回繰り返されると音の意味を獲得するというのも、経験を介したメトニミーの例である。

　音を伴う運動が非常に直接的なメトニミーの基盤になっているように、身体の感覚や身体の反応もまた、直接的なメトニミーを多く生産する。例えば、「ギクッと立ちすくんだ」の「ギクッ」のもともとの意味は、「硬くて大きく長いものが、上下運動をする」ということであるが、人間は、戦慄を覚えた時にそのような動きをする。そこで、この「ギクッ」には、動きだけでなく、精神的な反応の意味も含まれるようになる。「ビクビク、ビックリ」なども、これと同じである。また、メタファーのところで見た「チクチク」はメトニミーによる拡張もする。すなわち、「チクチク」は「皮膚を刺すこと」に使われるが、それは痛みを伴うので、その痛みが「チクチク痛む」のように表される。

　以上は、かなり直接的なメトニミーの例である。より概念的なものには、原因が結果を指すメトニミーがある。「コツコツ集める」の「コツコツ」がそれに当たる。この場合、「コツコツ」は「地道に集積」の意味を持っているが、本来、「コツコツ」の音象徴は、「コツコツ叩く」の

ように、「小さい道具で硬い表面を叩き続ける」と言う意味で、「集積」という意味はない。また「コツコツ集める」の場合、「集めること」をメタファーで「叩くこと」に見なしているわけでもない。しかしコツコツ叩き続ければ、削れて何かが生産されることも多い。その結果の方に注目すると、「コツコツ（削って時間をかけて）産物を出す」という、原因から結果へのメトニミーによる拡張が起こる。この生産の意味はさらにメタファーによって違う領域での蓄積生産に拡張され、「コツコツとサンプルを集める、コツコツお金をためる」、あるいは、「コツコツ地道に研究を続ける」というような表現が可能になる。

　また、「属性」のメトニミーの例もある。例えば、「コロコロ」は「硬い丸い物が回転する状況」だが、「コロコロ」はそのような運動のできる物体の属性の一部「丸い」ということを示すこともできる。そこで、「コロコロと転がる」だけではなく「コロコロと丸い」と言うように「丸いこと」に焦点を当てることもできる。この「丸い」という意味は、さらには、「コロコロと太っている」のように「丸み」へ一般化され、「人間が丸みを帯びていること」を表すことになる。この場合、硬さと形状はもとのままではないが、「コンパクト」というイメージが残る。これは、「ブクブクと太る」が膨張による太り方を示しているのと対照的である。

　既にメタファーの項で検討した「ビシッ」にも、1種の属性のメトニミーによる拡張のケースがある。「ビシッと格好を決める」とか「ビシッと似合う」というような表現に現れる「ビシッ」は、「投げつける」という意味ではなく、「型通りに格好よく」という意味である。これは、スポーツで「型通りにビシッと投げつけて球を決める」行為が「格好良い」と見なされているからであろう。

　同様な例として、「バリバリ仕事をする」の「バリバリ」の拡張がある。「バリバリ」の基本的な音象徴は、「重くて張りがある広がった物をたてに割る」ということである。そこで例えば、「犬は、乾燥した豚の耳をバリバリと噛み切った」のように言える。しかし、重くて張りがある広がった物をたてに割るには、力がいる。そこで、「勢力的に」と言

う意味がメトニミーとして成立し、さらにそれが「仕事は攻撃的な運動」というメタファーを通して、仕事の領域に広がり、「バリバリ仕事をする」と言えるようになる。

ところで、メタファーとメトニミーは排他的なものではもちろんない。既にいくつかの例で見たように、メタファーとメトニミーは絡みあって、言葉の意味を拡張していく。もう1つの例として、「バチッと仕事をする」を考えてみよう。まず、「バチッ」の基本的な音象徴は張力を持った面を細いもので強く叩くことである。そのように叩けば、ものがはまり込むこともある。そこで、「バチッとはまる」のような表現がメトニミーで可能になる。

さて、「バチッとはまる」ことは、2つの物の表面が同じ所にあるということでもある。一方、「意見が近づく、意見が合う」から分かるように、意見が似ることは、空間的に接近することに見立てられる。このメタファーを介して、「バチッと意見が一致する」という表現が可能になる。さらに、「一致」から「完全に、完璧に」という意味がメトニミーで派生され、「バチッと仕事をする」のような表現が可能になったのだろう。もちろん、ここには、「仕事は攻撃的な運動」というメタファーが働いている。さらに、この延長で、「バチッ」は何かを計画してやり遂げる時に使われ、「バチッと安眠する方法」などという表現も不眠症の対策を語るのに使われる。

ところで、このように、より基本的で具象的な音象徴的意味を持つオノマトペの意味が、拡張していく過程は、共通語だけからでは分からなくても、方言を視野に含めてみると、明らかになることがある。例えば、共通語の「ソックリ」には、「ソックリ取り払った、ソックリ寄付した」のように、「そのまま全部」(ないしは形容動詞として使われる時には「似た」)という意味がある。これは、より描写的で具象的な津軽方言の「ソクソク、ソクッソク、ソックソク」に関係している。津軽方言の「ソクソク」は、「アイスクリームを溶けないうちにソクソク食べる」で分かるように、共通語の「サクサク」と同様の「切れ味よく、すくいとる様子」という意味があり、これは、接触面の質を示す /s/ と中から

外への運動の意味の /k/ の具象的音象徴から成っている。これを考慮に入れると、共通語の「ソックリ」は、「(切れ味よく、すくいとる、つまり)全て形を変えず」というようにメトニミーで意味が広がったらしい。

3.3 異形のタイプ別に見られる意味の拡張の傾向

これまでは、CVCV タイプを 1 つに括って意味の拡張のメカニズムを見た。しかし、CVCV タイプは、第 1 章で見たように、多くの異形を派生する。それらの異形は、意味の拡張に関して、タイプ毎に異なった傾向を示す。すなわち、異形のタイプには、具象的な運動の意味を持つものと、より抽象的な意味を持つもの、さらに一般語彙的なものがあり、特に、語尾に「リ」を含む「リ形」で、接中辞「ッ／ン」を含んだものは、意味の拡張を起こしやすい。ここでは、いくつかの CVCV タイプの語根について、このことを確認しよう。

まず、1 例として、「バチ」という語根の派生形一般を見てみよう。「バチ」は、「バチ(ー)ン、バチバチ(ッ)、バチッ、バチリ、バッチリ」のような派生形を持つ。このうち、撥音「ン」が添加された「バチ(ー)ン」と重複形「バチバチ(ッ)」は、「バチ」の中核にある、「緊張した(表面を持つ)ものが強く当たる」という具象性の強い音象徴を持っているため、次のように使われる。

» <u>バチ(ー)ン</u>と当たった。(具象的な音象徴)
» {<u>バチバチッと</u>／<u>バチバチ(と)</u>} 火花が飛んだ。(具象的な音象徴)

一方、「バチッ」は、既に前項で見たように多義であり、「バチ(ー)ン、バチバチ(ッ)」と同じ具象的な使い方があると同時に、「意見などの一致」という抽象的な意味でも使われ、さらに、「仕事の完成度」を示す使い方もある。

» <u>バチッ</u>と当たった。(具象的な音象徴)
» <u>バチッ</u>と火花が飛んだ。(具象的な音象徴)

» <u>バチッ</u>と枠にはまった。（具象的な音象徴）
» <u>バチッ</u>と意見が一致した。（抽象的な音象徴）
» <u>バチッ</u>と仕事をした。（抽象的な音象徴）

面白いことには、「バッチリ」になると、「仕事の完成度」を示す「満足のいくように、充分に」という抽象的な意味しかない。

» <u>バッチリ</u>仕事をした。（抽象的な音象徴）
» <u>バッチリ</u>もうけた。（抽象的な音象徴）

しかし、強調の接中辞の「ッ」が挿入されていない「バチリ」の場合は、「充分に」の意味では使えず、より具象的である。

» ＊<u>バチリ</u>ともうけた。
» 　<u>バチリ</u>とカメラのシャッターを切った。（具象的な音象徴）

このように、強調の接中辞「ッ／ン」が挿入された「リ形」は、派生形の中で一番抽象的な音象徴を示す。「ッ／ン」が挿入された「リ形」のオノマトペについて、さらに見てみると、それらが、「容易さ」、「速度」、「量」、「確実さ」、「完全さ」といった程度副詞のような意味を持つことが分かってくる。次に、このことを、実際にいくつかの「リ形」に接中辞「ッ／ン」のついたもので確認しておこう。

例えば、「スンナリ」という語を考えよう。この言葉も、共通語では、明確な派生関係が捉えにくいとされるものの1つである（那須 1999b）。しかし、津軽方言には「スナスナ」（しめってしなやかになっている様子）、「ズナズナ」（「スナスナ」より重いものがしめってしなやかになっている様子）、「スナラ／スンナラ」（抵抗なく滑らかに）という具象的な派生形がある。そこで、「スンナリ」も明らかにオノマトペ起源と見てよいのであるが、確かに具象的な音象徴は弱く、語全体として「妨げられずに容易に」という意味になっている。

速度に関するものとしては、「ユックリ、ジックリ」などがあげられる。「ユックリ食べる」の「ユックリ」は津軽方言の「家屋などが音を立てて揺れる」という意味の「ユキユキ」と関係し、「上下に不安定に揺れる」という意味から具体的な運動の意味が消えて、速度の副詞になっているらしい。「ジックリ」も具象的な「ジクジク」に関係し、「しみ出る」からメトニミーで「時間をかけて」に転化したと見られる。

　同様に「ドッサリ」は「ドサドサ、ドサッ」と関係があるが、移動の意味や、物にぶつかったり接触する意味はなく、量に関する程度副詞になっている。また「タップリ、ガッポリ」もそれぞれ「タプタプ、ガボガボ」と関係があるが、液体のイメージはなく、代わりに「大量」という意味が中心をしめる。

　また、確実さの副詞としては「キッカリ」があり、これは、現在の共通語には他の派生形はないが、中世の史記抄(1477)には、「病応と云ものは、きかと表にあらはれ」とあり（日本国語大辞典オンライン版）、「キカ」は、明瞭な様子を示しており、「硬いものに切れ目が入る」がもともとの意味で、それが、メトニミーで「区切りが明瞭になる」という意味に変わったのだと考えられる。しかし、この語は、現在の共通語では、「キッカリ3時だった」から分かるように、動的な意味は全くない。また、「シッカリ」も、共通語では、「*シカシカ、*シカッ」のような派生形はないが、万葉集には、「志可登(シカト)あらぬ 鬚かき撫でて」（日本国語大辞典オンライン版）とあり、これが「明瞭」という意味を持っている上に、津軽方言には、「スッカど押さえる」(シッカリ押さえる)のような表現がある。そこで、「シッカリ」も、オノマトペ起源と見ていいだろう。しかし、これもまた、具象的な音象徴性は弱い。

　次に、「確実さ」に近縁した「ハッキリ」、「キッパリ」は「明確さ」や「断定」を表す副詞になっていて、これらも具象性を欠く。このうち、「ハッキリ」の場合、異形の「ハキハキ」は、「ハキハキと話す」のように外に向けた行為または態度を表す。それに対し、「ハッキリ」は、「ハッキリ言う」「ハッキリ陰性だ」から分かるように、「明らかさ、確信の度合い」を示す程度副詞になっており、「結果が外に表出する」と

いう /k/ の音象徴の名残はあるものの、動作性は弱い。後者の「キッパリ」は、「キッパリ話をつける」などでは、「断固」という意味があり、やはり、動作性は弱く具象性を欠く。これは、共通語に異形はないが、津軽方言では、「キパ、キパッ、キッパ、キパキパ、キパッキパ」など多数の異形が存在し、それらは、「キッパリ」と同じように「断固」というような意味がある。そこで、「キッパリ」も確実にオノマトペ起源で、「キパ」のもともとの意味は、「硬いものを切る様子」だったと思われる。

さらに、「数量的な正確さ」の意味の「チョッキリ」も「チョキチョキ」の持つ「切る」という意味はない。

最後に「全部」という意味のものを見よう。既に見たように「スッカリ」は「完全に」という意味を持っていて、異形の「スカスカ」の持つ、運動に関わる表面と運動のタイプの意味を欠く。「サッパリ」は、「サッパリあきらめた」のような否定的な意味を含む動詞とも使われるが、「サッパリ分からない」では、「全然」と同じく否定詞と使われ、全面否定の副詞になっていて、これも具象性を欠く。

このように、「リ形」に強調の接中辞「ッ／ン」のついたものは、一般に他の派生形に比べて、具象性が低く、メトニミーを介して、「容易さ」、「速度」、「量」、「確実さ」、「完全さ」等に関する、程度副詞に拡張しやすい。これには、「リ」が具象的な物の性質や運動などを表す音象徴の要素でないことに加えて、接中辞が「素性指定を持たない純粋に韻律的な接辞で」(那須 2004a: 1)、音素レベルの音象徴より抽象的な、「強調」という音象徴の要素であることが関係しているのだろう。

ついでながら、このように意味的に程度副詞的になったものは、特定の運動タイプではない動詞と共起しやすくなり、しかも、他の派生形を欠くことが多い。これが、「シッカリ、ユックリ」などがオノマトペ起源だとは思われにくい理由だと考えられる。

3.4 CV タイプの意味の拡張

以上、本章ではこれまで、CVCV タイプに絞って、オノマトペの意

味の拡張を扱ってきた。そこでまず分かったことは、CVCV タイプの意味の拡張では、具体的な運動をある種の抽象的な運動へ投影するメタファー(例えば「ベタベタひっつく」から「ベタベタ可愛がる」)と、オノマトペを関連する概念に拡張あるいは転化していくメトニミー(例えば「コツコツ削る」から「コツコツ集める」)の双方が重要な役割を果たしているということであった。また、メトニミーのプロセスが、CVCV タイプのオノマトペを運動の意味の弱い程度副詞に転化するケースもいくつか確認した。

一方、CV タイプでは、第 2 章で見たように、「ピッ、パン、キンキン、ギーッ、カーン」などが擬音語としても認識されるが、擬音語としての用法は、メタファーを生成しにくいらしい。

この考え方を支持するのは、次の観察である。音としても動作のあり方としても使われる CV タイプのオノマトペの場合、動作としての使い方だけが比喩によって拡張する。これは、次の「ピン」の使い方を見ると分かる。「ピン」は、一義的には、次の例のように、張った糸のような状況と、それによって生成される音を表す。

» 糸をピンと {張った／はじいた}。(具象的な擬態語)
» 糸をピンと鳴らした／糸がピンと鳴った。(擬音語)

そのうち、前者の意味は、神経を「張るもの」と見なすメタファーを媒体にして、より抽象的な感覚の領域に拡張する。

» (糸がはじかれるように)ピンと感じた。(より抽象的な擬態語)

しかし、音としての使い方の方は、メタファーになりにくい。
次の「ポン」も同じコントラストが見られる。

» ボールをポンと投げた。(具象的な擬態語)
» {手／肩}をポンと叩いた。(擬音語)

このうち、投げる方の意味の「ポン」は、「投資」という言葉が反映しているように、一般に経済的な活動を運動と見立て、さらに資本をつぎ込むことを「投げ入れる、投入する」という運動として捉えるメタファーを通して、次のようにも使われるようになる。

》　彼はポンと大金を提供した。（抽象的な音象徴）

一方、「軽く叩いて音を出す」という意味の「ポンと叩く」は、メタファーを通しては、拡張が起こらない。
　以上の事実をCVCVタイプの観察を参考に考え直してみよう。既に、CVCVタイプについてオノマトペのメタファーは、オノマトペ外の既存のメタファーをよりどころとして、具象的な運動の音象徴を抽象的な運動の音象徴に拡張することを確認した。このことは、CVタイプで音質からの意味の拡張がないことは、音質を起点領域とするメタファーが日本語全般に乏しいということを示唆する。実際、瀬戸（1995）は、オノマトペとは関係のない議論の中で、日本語一般について音のメタファーがほとんど認められないと指摘している。オノマトペのメタファーが既に存在する概念メタファーに依存する以上、擬音語はメタファーになりにくいわけである。
　さて、それでは、CVタイプに多い擬音語がメタファーを生成しないということになると、CVタイプは、具象的なオノマトペにとどまり続けるのだろうか。実は、そうではない。CVタイプのもう1つの特徴は、動詞との共起制限の弱い程度副詞を多く派生することである。CVタイプのオノマトペ、特にそのうち「ッ」で終わるものは、非常に多くの種類の動詞と共起する。例えば、「パッと」の使われる状況と共起する動詞表現を、国立国語研究所の「現代日本語書き言葉均衡コーパス」やKakehi et al.(1996)で見てみよう。次のように非常に多種の組み合わせで使われることが分かる。

「パッと」の使われる状況と共起する動詞表現
　瞬間的に大きく開く：
　　　花が咲く、戸が開く
　瞬間的な物や人の拡散や分離：
　　　散る、分かれる
　瞬間的な視界の拡大：
　　　明るくなる、視界が開ける、目をさます
　瞬間的に光源が広がる：
　　　火を噴く、輝く
　瞬間的な消滅：
　　　消える、燃え尽きる
　瞬間的に視界に入るか視界が開ける：
　　　出てくる
　瞬間的な視線の変化：
　　　見る、目をそらす、視線を上げる、ふりむく
　瞬間的な位置の変化：
　　　飛び出す、飛び込む、逃げる、立ち上がる
　瞬間的な動作の完了や事態の変化：
　　　紙をとる、たたきつける、のみこむ、食いつく、つかまえる、止める、変わる、華やぐ
　行為や事件の急速な完了：
　　　答える、答えが出る、作る、線を引く、衝動買いをする、お金を全部使ってしまう、やってのける、法制化する、張り出す、できる、切り取る、有名になる

　これらの例を見ると、「パッ」は、「開く、広がる、分かれる、視界に入る、視界からでる、位置が変わる、動作や行為が完了する、変化が起こる」というような種々の動詞と共起し、「瞬間的に大きく開く」という意味から「勢いよく急速に」という意味に転化していることが分かる。これらは、CVCVタイプについて見た、特定の運動のメタファーを介

してオノマトペの意味が拡張するというのとは違う。また、「ン」で終わる「パン」が「叩く、打つ、はたく、張る、割れる」などの比較的限られた範疇の動詞と共起するのとも違う。「ッ」で終わるCVタイプの場合、もともと特定の具体的な運動のイメージが弱いだけでなく、一般に特定の運動の意味が消去される方向でメトニミーによる意味の変化が起こっているのである。このことは、様々なCVタイプのオノマトペで確認できる。次に、「サッと」と共起する動詞を見てみよう。

「サッと」の使われる状況と共起する動詞表現
　接触しながら急速に手際よく動く：
　　　拭く、触れる、洗う、ゆでる、煮る、混ぜ合わせる、水をかける、切りつける、流す、ぬぐう、引く、引き上げる、引っ込める、引きぬく、戸が開く
　急速な位置の変化：
　　　目をやる、見回す、視線を向ける、振り向く、顔を上げる、立ち上がる、後ろに回る、分かれる、手のひらをかえす、隠れる、消す、消える、いなくなる、立ち去る、走り去る、現れる、顔をそむける、背を向ける、壁にへばりつく、身体を立て直す、取り出す
　急速な変化：
　　　まきつける、取り替える、話題を変える、態度を変える、頬を紅潮させる、青ざめる
　急速な行為の完了：
　　　見つける、一読する、決断する、見切る、分かれる

ここでも、「サッ」の基本的な音象徴は、始めの一連の動詞が示すように、「広い表面に接触しながら動くこと」であるが、共起できる動詞の多さから分かるように、基本的な音象徴には、具体的な動き方は指定されていない。そこで、さらに動き方を消去する形で、「広い表面に接触しながら動く＞急速に位置や状態が変わって＞急速に」というメトニ

ミーによる転化が起こる。
　では、対応する有声音の「ザッ」はどうだろうか。

「ザッと」の使われる状況と共起する動詞表現
　雨が降ってきたり、土などが崩れたりする時に出す音：
　　　水をかぶる、かける、夕立が来る、雨が降ってくる、足下が崩れる、地面を鳴らす、音をたてる
　大まかにする：
　　　混ぜる、ゆでる、刻む、炒める、読む、目を通す、見渡す、見積もる、計算する、数える、考える、スケッチをする、挙げる、申しあげる、片付ける、掃除をする、いさぎよい線で描かれる、歴史を書く
　概算：
　　　半分だ、15万円かかる

　上で、始めのグループは、「荒く表面をこすったり、表面に大量の水を1度にかけて音を出す」という意味で、その他は、「大まかに、大体」という意味である。この意味の転化は、「荒く表面をこする＞大まかにする」というメトニミーによっている。特に、最後の例では、「ザッ」は「凡そ」という意味の程度副詞になり、動詞ではなく量を表す語を修飾している。ついでながら、始めのグループでは、語頭にアクセントがある「ザッ」が使われ、他はアクセントがない「ザッ」が使われる。
　次は、「スッと」の使われる状況と共起する動詞表現である。

「スッと」の使われる状況と共起する動詞表現
　抵抗のない面を滑るように動く：
　　　滑る、流れる、引く、障子が開く
　抵抗なく滑らかに体勢や位置が変わる：
　　　伸びる、おろす、立ち上がる、中に入る、電車から降りる、出ていく、横を向く、身をそらす、入れ替える

遮られずに行為を変える：
    話題を変える
遮られずに空間ができる：
    隙間が広がる
抵抗なく容易に形やものが消える：
    とける、汚れが消える、落ちる、とれる、痛みがとれる
抵抗なく受け入れる：
    耳になじむ、口にする、受け止める
精神的に自由になる：
    心が軽くなる、気持ちが晴れる、気持ちがプラスに動く

「スッ」の基本的な音象徴は、「滑らかな面を前に突き出すように滑ること」である。これは、上の例の最初の使い方である。一方、その他の拡張された使い方は、「滑らかな面を滑る＞抵抗なく止まらず急速に」というようにメトニミーによって意味が転化している。痛みがとれたり、何かを受け入れたり、気持ちが晴れたりすることを、滑ることと見なすメタファーを使っているわけではない。

　それでは、有声の「ズッ」の使われ方はどうだろう。

「ズッと」の使われる状況と共起する動詞表現
　引きずる：
    滑る、引きずる、後ずさりする
　行為や状況を保つ：
    いる、見守る、聞き続ける、預かる、続ける、思う、頑張り続ける、震え続ける、眠い、心にしまっておく、隠しておく、恨み続ける、気になる、消えない
　空間的、時間的に離れる：
    後だ、遅れる、先だ、前だ、年代が下がる
　質の比較：
    ましだ、悪い、劣る

これらからは、「ズッ」の基本的な音象徴が、「引きずること」であることが分かる。その他の使い方は、「引きずって＞連続して」または、「引きずって＞距離または空間的に離れて＞比較して」というように、メトニミーによって意味が変わっているのである。

次は「ドッと」の使われ方を見てみよう。

「ドッと」の使われる状況と共起する動詞表現
　　重い流動体の突然の動き：
　　　　波が押し寄せる、水が流れる、こぼれ落ちる、涙があふれ出る
　　物や人が大量に動く：
　　　　涙があふれ出る、人が出てくる、入ってくる、押し寄せる、押しかける、なだれ込む、群がる
　　大量に：
　　　　映画が封切りになる、本が出版される
　　急激に大幅な変化が起こる：
　　　　疲れが出る、温度が下がる

「ドッと」は「重い流動体の動き」の意味から、「大量の流動体が突然動く＞大量に」または、「大量の流動体が突然動く＞突然の大幅な変化」というメトニミーによって、意味が転化している。

次は「グッと」を見てみよう。

「グッと」の使われる状況と共起する動詞表現
　　急激に突き出る：
　　　　押す、出す、のばす、身を乗り出す、近づく、突き出る
　　体の四肢などに力をこめて固定する、あるいは動じない：
　　　　握りしめる、つかむ、だきしめる、曲げる、肩に当てる、力をこめる、板を踏む、足を踏ん張る、唇をかみしめる
　　視線を固定する：
　　　　にらむ、見つめる

喉への力の集中：
  飲み干す
精神的に強く動じない：
  耐える、こらえる、我慢する
感情の強い高ぶり：
  胸がいっぱいになる、涙がこみ上げる
急速な変化：
  上達する、理解が深まる、体温が下がる、楽になる、増える、減る、冷え込む、引き締まる
比較：
  明るい、うまい、小ぶりだ、若者向けだ

「グッ」の基本的な音象徴は、「突き出たところに力が集中すること」、または、「力が集中して突き出ること」である。上の例を見ると、この基本的な意味のため、「グッ」は、硬いものを力強く突き出したり、こぶしを強く握りしめたり、踏ん張ったり、さらには、にらんだり、唇をかみしめたり、飲み干したりするというように様々な運動に使われる。さらに、「力の集中＞動じない」という意味は「精神は運動」(Lakoff & Johnson 1980)のメタファーを介して「精神的に動じない様子」という意味にも拡張する。一方、「力強く突き出る」という意味の方は、「感情は容器の中の気体や液体」(Lakoff & Johnson 1980)というメタファーを介して「感情の高まり」という意味に拡張する。または、「力強く突き出る」は、「変化は移動」(Lakoff & Johnson 1980)のメタファーを介して、「急激な変化」を意味するようになる。そして、最終的には、「突出して＞際立って」というメトニミーによって、形容詞を修飾するようになる。

このように、「ッ」で終わる CV タイプのオノマトペの多くは、動詞との共起制限がもともと弱いだけでなく、主にメトニミーによって意味がさらに転化し、より多くの動詞と共起できるようになる。これは、「ッ」で終わる CV タイプは、一般に、特定の具体的な運動のイメージ

を持たないからだと考えられる。

　本章の冒頭で、CV タイプには 1 種のパラドックスがあると述べた。そのパラドックスとは、擬音語が多く、ある意味で最もオノマトペ的だと思われがちな CV タイプが音象徴とは関係のなさそうな程度副詞を生産することである。CVCV タイプのオノマトペの中心的音象徴を「具象的な運動の音象徴」と「メタファーによる抽象領域への拡張」と捉える視点は、このパラドックスを解決してくれる。既に、第 1 章で触れたが、一般に、CVCV タイプの C_2 が特殊化した運動の意味を持っているのに対し、CV タイプの語根の頭の子音は、そのように細分化した運動の範疇を指定する能力が弱い。そこで、もともと、CV タイプ、ことに「ッ」で終わる CV タイプは、動詞との共起制限が弱く、様々な動詞と共起する。このように、特定の運動の意味の希薄な CV タイプは、メタファーによっては意味の拡張を起こしにくく、むしろメトニミーによって、さらに、動詞との共起制限の弱い、程度副詞を生産しやすいのだと考えられる。

第4章　オノマトペと一般語彙

前章の副詞的用法の検討でもその一部が明らかになったように、日本語のオノマトペは流動的でダイナミックなシステムであり、一般語彙とのゆるい境界線を越えて一般語彙的な意味や統語役割を獲得している。そもそも、オノマトペと一般語彙の境界線は、一般語彙と漢語や外来語との境界線ほど、強いものではなく、この2つの語彙層は、共生的な存在であり、多くの要素を共有しているのである。

　本章では、ほとんど完全に一般副詞化したと思われるオノマトペ起源の副詞にも音象徴の要素が残り、また一般語彙（と考えられているもの）の中にも多くの音象徴が存在することを示し、特に一般動詞の中でも、かなりの動詞がオノマトペ起源と考えられることを示す。それと同時にオノマトペからは多くの動詞や形容動詞が生産的に派生され、それらには、オノマトペの副詞用法からは予測できない、音象徴とは無関係な、様々の、意味的あるいは形態的制約がかかることも明らかにする。これらの事実は、オノマトペの周辺では、一般語彙的制約と音象徴性とが競合していることを表している。

4.1　一般副詞化したオノマトペ

　第3章では、特定の動作と結びつかず動詞との共起制限が弱い、程度副詞的オノマトペの派生の過程を検討した。ここでは、まず、そのような副詞をまとめ、そのような副詞にも音象徴の一部が残っていることを確認しよう。

　CVタイプのオノマトペからは次のように、多くの速さや量に関係する副詞が派生する。これらは、一般語彙化していることを反映して、通常は、ひらがなで表記され、引用の助詞「と」との境界が不明瞭になる。（しかし、本章では、オノマトペ起源であることを強調するためにカタカナを使う。）

　　ドッと、ドンと、サッと、サッサと、トットと、セッセと、
　　ドンドン、グングン

さらに、次のオノマトペは、動詞だけでなく、形容詞やその他の静的な述語を修飾し、完全な程度副詞になっている。

　　チョッと、チョイと、ウンと、ザッと、ズッと、グッと、グンと

また、次のものは、確信の度合いを表す程度副詞になっており、文を修飾している。

　　キッと

以上は、「ドンドン、グングン」を除いて、引用の助詞「と」が融合されて1語となっている。
　CVCVタイプから派生する頻度や数量に関係する副詞には、次のようなものがある。

　　コロコロ、ゴロゴロ、チョコチョコ、チョクチョク、タップリ、
　　ドッサリ、ガッポリ、ゴッソリ、チョコッと、スッカリ

これらのうち、「コロコロ」は変化の頻度を表し、変化を表す動詞と使われる。「ゴロゴロ」は、物の分布に関するもので、存在を表す動詞に限られる。また、「チョコチョコ、チョクチョク」は動作の頻度の高さを表し、「ドッサリ、ガッポリ」は大量さを表し、「チョコッと」は少量、または、短時間を表し、これらはみな、動詞との共起制限が弱い。「スッカリ」は、Kakehi et al.(1996)では、程度副詞として扱われているほどで、これも共起制限が弱い。ただし、これらは、CVタイプの程度副詞とは違って、一般に形容詞や静的な状態の程度を表すことはできない。例えば、下の例では、動詞とは、「ウンと」も「ドッサリ」も使えるが、形容詞になると、「ウンと」しか使えない。

》　野菜をウンと買いこんだ。

» 野菜をドッサリ買いこんだ。

» この野菜の方がウンとおいしい。
» *この野菜の方がドッサリおいしい。

「チョッと、チョコッと」も同じである。

» チョッと食べて吐き出した。
» チョコッと食べて吐き出した。

» この店の品物は、チョッと高い。
» *この店の品物は、チョコッと高い。

　ただし、「チョコッと」は、「ここがチョコッと痛い」のように、局部に特殊な感覚を覚えることを表す時、つまり、より動的な状況では使いやすくなる。同様に、「スッカリ別人だ」のような場合、「別人だ」は、「別人になっている」という意味で動的に捉えられているらしい。また「チョビッとエロい」というように非常に俗語的なものがある。しかし、一般的に、CVCVタイプのオノマトペは、CVタイプのように純粋な程度副詞を派生することはできないようである。これは、やはり、CVCVタイプのオノマトペは運動の意味が強いからだと思われる。
　さて、このように具象的な音象徴、特に具体的な運動の意味がほとんどなくなって、オノマトペとは感じられなくなったようなオノマトペ語彙にも、何らかの抽象的な音象徴は残る。そのような例をいくつか見てみよう。
　まず、CVタイプの場合で、「スッと、サッと、パッと」は、どれも、「速く」という意味に近いが、異なった音象徴の名残がある。例えば、次の例で、「スッと」は「事を荒立てず目立たずに」という意味、「サッと」は「急いで」という意味、「パッと」は「勢いよく」という意味になっている。

- <u>スッ</u>と入れ替えた。
- <u>サッ</u>と入れ替えた。
- <u>パッ</u>と入れ替えた。

これは、/su, sa, pa/ のそれぞれの音が持つ音象徴が残存しているからである。すなわち、/s/ は、「滑る表面＞抵抗のないこと」、/p/ は、「緊張した表面、爆発＞勢いのよいこと」、/u/ は、「狭い所を通りぬける動き＞目立たないこと」、/a/ は「運動の広がり＞目立つこと」という意味を保持している。

以上よりさらに一般語彙化したものでは、アクセントのない「ズッと」と「グッと」がある。どちらも比較に使われ、形容詞とも共起できる完全な程度副詞で、その意味は、ほぼ「はるかに」に対応する。

- こちらの方が<u>ズッ</u>と読みやすい。
- こちらの方が<u>グッ</u>と読みやすい。

しかし、「ズッと」と「グッと」には、基底にある音象徴による意味の違いがある。「ズッと」は「接触して移動」という音象徴に基づくため、水平距離の概念が含まれている。そこで、程度副詞として使われる場合でも、ある性質が、あたかも水平距離で遠くにあるように、ある種の物差しの上で離れたところにあるという意味になる。一方、「グッと」の方は、「突き出る」というのがその音象徴の基本である。そのため、程度副詞として使われる時にも、「飛びぬけて高い」というイメージが残る。つまり、「グッと」の方が際立っているのである。その結果、例えば、何かの報告書を書き直してもらった場合、「グッと」を使った方が強いほめ言葉になる。

- <u>ズッ</u>と読みやすくなった。（が、まだ、改善の余地あり。）
- <u>グッ</u>と読みやすくなった。（これで、もういい。）

さて、「グ」の持つ、「突出」の意味は、「グングン」という表現にも残っている。それは、同じく「急速に勢いよく」というような意味を持っていると考えられる「ドンドン」と比べるとはっきりする。この2つの表現は下の使い方では、どちらも問題がない。

» 背丈が ｛グングン／ドンドン｝ 伸びた。
» 研究が ｛グングン／ドンドン｝ 進んだ。

しかし、次の例では、「グングン」はおかしい。

» 成績が ｛*グングン／ドンドン｝ 下がった。

これは、「グングン」には、「急速に勢いよく突出」という音象徴が残っているからで、その前向き、あるいは、上向きのイメージが、「成績が下がる」というマイナスのイメージとかみ合わないのだと見られる。

次に CVCV タイプを見よう。CVCV タイプの、「タップリ、ドッサリ、ゴッソリ」は、いずれも、「大量に」という意味は含んでいるが、同義ではない。

まず、「タップリ」は、(液体のように何かが)溢れ出るというイメージへ戻ることができるため、「十分に、余分に」という意味を持っている。また、この溢れ出るものは、種々の物から、抽象的な知識、時間など多岐にわたる。

一方、「ドッサリ」の方は、そのような「十分に」という意味がないだけでなく、物が落ちたり倒れたりした時のインパクトのイメージが残るため、モノ的なイメージが強く、時間には、使えない。

また、「ゴッソリ」も「大量に」の同義語のように見えるが、「大量に」が使える全てのコンテキストで使えるわけではない。「登山に備えて、大量に食料を準備した」とは、言えるが、「*登山に備えて、ゴッソリ食料を準備した」とは、言えない。これは、「ゴッソリ」には、「コッソリ、コソコソ、ゴソゴソ」と同じ、母音 /o/ の「目立たぬよう

に」という音象徴と、子音 /s/ の「滑るように」という音象徴が残っていて、「心にやましいほど大量に」という意味でしか使えないからである。

さらに、「スッカリ」は、「病気がスッカリなおった、スッカリ食べてしまった、準備はスッカリできた、スッカリ秋だ」などを見る限り、「完全に」の同義語のように見える。Kakehi et al.(1996)では、この語は、程度副詞とされ、completely（完全に、全く）、wholly（全体的に）という意味しか与えられていない。しかし、この語は、次のような変化を意味しないコンテキストでは、使えない。

- » ｛完全に／*スッカリ｝異質だ。
- » ｛全く／*スッカリ｝その通りだ。
- » ｛全く／*スッカリ｝無理だ。

既に指摘したように「スッカリ別人だ」とか「スッカリ別物だ」は使えるが、これは、「スッカリ秋だ」が「スッカリ秋になった」を意味するのと同じく、「スッカリ別人になっている」「スッカリ別物になっている」と言う意味だと考えられる。このように変化のコンテキストを必要とするのは、「スッカリ」が「空洞化する」という意味の語根「スカ」の動的な性格を残しているからである。

ついでながら、この「スッカリ」は、共通語の「空洞化している」という意味の「スカスカ」、及び「きれいに真っ二つに割る」という意味での「スカッと」につながっていると見られる。また、津軽方言では、類似した形態の「スカど、スッカど」が、共通語の「スッカリ」の意味の「(中が見えるように)完全に変わって」という意味を持っている。したがって、「スッカリ」は、確実にオノマトペ起源である。

このように、具象的な運動の意味をほとんど失って、一般副詞化してしまったと普通考えられるオノマトペにも、音象徴は根強く残っている。

4.2 一般語彙に見られる音象徴

次に、音象徴は、上述のようなオノマトペ起源の語彙だけでなく、一般語彙と見なされているものにも現れることを確認しよう。

まず、一般語彙の形容詞、「スッゲー／スンゲー」(すごい)、「タッカーイ」(高い)、「アンマーイ」(甘い)などに見られる「強調」の意味は、オノマトペ内での接中辞による強調の意味に似ている。一般形容詞でも、オノマトペでも、促音ないしは撥音が挿入されるが、どちらが挿入されるかは意味の違いによるのではなく、ほぼ音韻環境による。ただし、全く同じ音韻規則が働くわけではない。一般語彙の形容詞の強調形では、有声阻害音の前には「ッ」あるいは「ン」が現れる。一方、オノマトペでは、有声阻害音の前では、「ションボリ、ズングリ」のように、「ン」が現れる。このように多少の違いはあるが、どちらでも、「強調」の意味は、余分な拍があることに由来する。したがって、これは、音の量による音象徴であり、その点で一般語彙とオノマトペは同じ音象徴を持っている。

また、語末の促音は、一般語彙では、「イヤッ、ダメッ」など、態度をはっきりさせるのに使われ、オノマトペの「終結」の意味の延長と言える。

同様に、一般語彙の「イヤーン、イヤダーン」等、甘えた態度の表現の「ン」は、オノマトペの「カタン、バタン」などで語末の撥音が「屈折や余韻」を示すのと通うところがある。意思を断定的に表明することを避けるのに使われているからである。

さらに、オノマトペでは、「運動の繰り返しや連続、頻度、分布、状態」を示すのに重複が使われるが、重複は、一般語彙でも頻繁に使われ、「人々、それぞれ、食べ食べ、道々」などには、「複数、分布、継続、状態」の意味が見られる。ただし、「生き生きした」とか「極々」に見られる「強調」の意味は、一般語彙の重複に特徴的で、オノマトペの重複形には見られない。

弁別素性のレベルの音象徴が一般語彙に使われる例もある。例えば、「から」(空)に対する鶏の「ガラ」、「たま」(玉)に対するソースの「だ

ま」、「さま」(様)に対する「ざま(を見ろ)」などでは、有声化が、価値的にマイナスの意味を加えているし、「小さい」に対する幼児語の「ちっちゃい」では、口蓋化が「幼さ」という意味を加えている。

また、動詞の中には、次のように母音の違いにより意味が変わるペアがある。

/a/	/i/、/o/ または /u/
混ざる(まざる)	混じる(まじる)
刈る(かる)	切る(きる)
叩く(たたく)	つつく
かする	こする
さがす	さぐる

これらでは、母音の /a/ と /i/、/a/ と /o/、または、/a/ と /u/ の対立が運動の及ぶ範囲の広さ、または、形のコントラストの差になって現れている。例えば、第2音節に /a/ を持つ「混ざる」は、「全体に物が分散すること」を意味するのに対して、/i/ を持つ「混じる」は「異物が何か一部に入り込むこと」を意味している。一方、第1音節に /a/ を持つ「かする」は、「広い範囲との接触」を意味するが、/o/ を持つ「こする」は、「狭い範囲での接触」を意味する。また、第2音節に /a/ を持つ「さがす」は「広い範囲で捜索すること」だが、/u/ を持つ「さぐる」は「深く入り込んで捜索する」ことである。

このように、一般語彙にも、オノマトペの体系に見られる音象徴が様々の形で入り込んでいる。

4.3 オノマトペ起源と見られる動詞

さて、以上は、部分的に一般語彙に音象徴が認められる例であり、これらの語彙がオノマトペ起源だと主張しているわけではない。しかし、動詞の中には、直接的にオノマトペ起源と見られる動詞も数多くある。それを客観的な基準で認定してみることはできないだろうか。

まず、下の例では、共起するオノマトペと動詞が同じ音の組み合わせを含み、しかも意味的にも似通っている。これらの動詞は、オノマトペ起源であると見てよいだろう。

» <u>タラタラ</u>たらす。
» <u>ユラユラ</u>ゆらす。
» <u>コロコロ</u>ころがる。

ただし、オノマトペに似た意味を持っている動詞でも、全てが上のように完全に同じ形を呈すわけではない。下のように一部だけが同じ音の組み合わせのものも多い。

» <u>ムシムシ</u>むす。
» <u>パシパシ</u>はじく。

このような場合、似ているというだけでは、印象にすぎないという批判は必至であろう。また、完全に同じ組み合わせの「タラタラたらす」のような場合、共時的には、「たらす」は、/tar-asu/ と分析すべきなので、2番目の母音 /a/ が同じなのは偶然だ、という批判も聞こえそうである。そこで、もう少し、客観的に、オノマトペ起源らしいと認定するには、どうしたらいいだろう。

ここで役に立つのは、CVCVの第2子音(C_2)は、動作に関係し、特定の動作の意味はメタファーによる意味の拡張にも重要な役割を果たすという事実である。もし、ある動詞が本当にオノマトペと関係があるならば、基本的な音象徴を残すためには、C_2 は全く同じか、あるいは、音韻法則で関係を説明できるものになっているだろう。というわけで、オノマトペ起源の動詞らしいと判定するためには、まず、次の基準によることにした。

CVCVタイプのオノマトペの直後に共起でき、かつ、そのオノマト

ぺと $C_1V_1C_2$ 部分が基本的に同じで、しかも意味が似ている。

これにより、「くるむ」は「クルクルくるむ」とか「クルリとくるむ」と言え、かつ「クル」と同じく /kur/ を含み、またどちらも「回転」という意味を含んでいることから、オノマトペ起源の候補とする。

　第2母音(V_2)を考慮に入れなかったのは、1つには、この位置の母音は形態素の境界にあり、共時的な異形の原因であるだけでなく、歴史的にも様々な音韻変化を受けており、オノマトペ起源の動詞だとしても、音象徴的な動機による音の保持は難しいと考えたからである。さらに、第2章でも触れたように、母音の音象徴自体、子音ほどはっきりしていない。また、第6章の口蓋化の問題に関連して見るように、母音の分布は好まれる音節構造に左右されることもある。これも、母音の音象徴の重要性が比較的低いからであろう。

　$C_1V_1C_2$ の同定に関しては、次の条件も加えた。

　　阻害音の有声無声の対立は無視する。
　　オノマトペ語根の頭の /p, b/ は、一般動詞では、/h/ として現れる可能性を考える。

さて、このような基準で一般動詞を見渡すと、次のようなリストが得られる。このリストでは、共起するオノマトペも括弧の中にあげてある。

　　(イジイジと)いじける
　　(イソイソと)いそぐ
　　(ガバッと)｛かぶす／かぶせる／かぶさる｝
　　(キシキシと)｛きしる／きしむ｝
　　(目がクラクラと)くらむ
　　(クルクルと)｛くるむ／くるめる／くるまる｝
　　(グズグズと)ぐずる

(クタクタに)くたばる
(クヨクヨと)くやむ
(コシコシと／ゴシゴシと)こする
(コリコリに)こる
(コロコロと){ころぶ／ころがる／ころがす／ころげる}
(ザワザワと)さわぐ
(シナシナと)しなう
(スカスカに)すく
(ズルッと){ずれる／ずらす}
(セカセカと){せく／せかす}
(ソヨソヨと)そよぐ
(タラタラと){たれる／たらす}
(ダラダラと){だれる／だらける}
(タジタジと)たじろぐ
(チラチラと){ちる／ちらす}
(テラテラと){てる／てらす}
(トロトロと){と(ろ)かす／と(ろ)ける}
(ニヤニヤと)にやける
(ヌクヌクと)ぬくまる
(ヌメヌメと)ぬめる
(ネバネバと)ねばる
(パカッと){はげる／はがす}
(パシパシと／パチパチと)はじく
(パタパタと)はたく
(バラバラに)ばらす
(パリパリに)はる
(ピカピカと)ひかる
(ヒッソリと)ひそむ
(ヒタヒタに){ひたる／ひたす}
(プクプクと)ふくらむ

(ブヨブヨに)｛ふやける／ふやかす｝
(フヤフヤに)｛ふやける／ふやかす｝
(ブルブルと)ふるえる
(フラフラと)｛ふる／ふれる｝
(ペコッと)へこむ
(ヘタヘタに／ヘトヘトに)へたばる
(ヘタッと)へたる
(ボヤっと)｛ぼやける／ぼやかす｝
(ボヤボヤと)ぼやく
(ムクムクと)むくむ
(ムシムシと)｛むす／むせる｝
(ユサユサと)｛ゆする／ゆさぶる｝
(ユラユラと)｛ゆらぐ／ゆれる／ゆらす｝
(ユルユルに)｛ゆるむ／ゆるめる／ゆるまる｝
(ヨロヨロと)よろける

以上の他に、津軽方言のオノマトペと比較すると、次の動詞がオノマトペ起源の候補にあげられる。

(アワアワ)あわてる
(スクスク)すくむ
(タワタワ)たわむ
(トホッと)とぼける

さらに、上記の基準を緩めて、近接した母音を V_1 に持つものを含めると、次の動詞も、オノマトペ起源の可能性があると言える。

(オロオロ)うろたえる
(アップアップ)おぼれる

最後に、CV タイプのオノマトペでも、次のものは、オノマトペ起源と言えるだろう。

　　（息をハーハー）はく
　　（フーフー）吹く
　　（スースー）吸う

　こうして、動詞の中には、オノマトペ起源と考えられるものがかなり多く存在することが分かった。日本語の音象徴の研究では、明らかに構造的な体系をなしているオノマトペが存在するために、その研究が中心になりがちで、一般語彙に広がっている音象徴を詳細に見るということはされていない。しかし、日本語以外の言語での音象徴研究は、一般語彙の中に潜在的に含まれている音象徴が対象になっていることが多い。これらは、類像的な動機による音象徴には限られていないが（Dingemanse 2012; Hinton, Nichols, & Ohala 1994）、ある特殊な環境の中で、音と意味との間に一定の関係を見出すという点で、上述の、一般動詞の中に音象徴的要素を認定する試みと通いあうところがある。日本語の音象徴の研究でも、これらの語彙は、無視できない領域であろう。

4.4　オノマトペから派生する「する動詞」

　さて、日本語のオノマトペは、副詞的用法が精緻な体系をなしているだけでなく、一般語彙との関係が緊密で、ことに動詞、形容（動）詞を、大量に派生する。これらは、上で扱った、一般語彙に含まれたオノマトペ起源の語とは全く違い、生産的な領域に属すが、動詞について Kageyama(2007)が指摘するように、深く理解されていない領域である。以下では、まず動詞の 1 種を見てみよう。

　ある種のオノマトペには「する」がついて、「キラキラする、（背中が）ゴソゴソする」のような「する動詞」が形成される。日本語教科書やオノマトペの辞書では、オノマトペの「する動詞」と副詞用法を明確に区別しているものはないが、「する動詞」は、副詞としてのオノマトペの

使用には見られない性格があり、はっきりと区別する必要がある。
　まず、「する動詞」の「する」は普通の動詞の「する」ではなく、オノマトペから離すことができない。

» 誰にでもペコペコする。
» *ペコペコ誰にでもする。

一方、普通の動詞としての「する」の場合は、他の動詞と同様、副詞的に機能するオノマトペから切り離すことができる。

» お辞儀をペコペコとする。
» ペコペコとお辞儀をする。

» 誰にでもペコペコとへつらう。
» ペコペコと誰にでもへつらう。

さらに「する動詞」を派生するオノマトペは、副詞用法のオノマトペの全てではなく、下に見られるように、引用の助詞「と」を韻律化して融合したもの、CV または CVCV の重複形、同種の CVCV 語根の組み合わせ、及び、接中辞「ッ／ン」を含んだ「リ形」というように、限られた形態である。このような形態の制限は、語彙化の進行の特徴である。

	ホッとする
	シンとする
「と」を含むもの	スカッとする
	ダランとする
	カッカとする
	ニコリとする

重複形	セーセーする
	ガンガンする
	ニコニコする
	キラキラ(と)する
組み合わせ	ドギマギする
接中辞「ッ／ン」を含み かつ 接尾辞「リ」がつくもの	ウンザリする
	ニッコリする
	サッパリする

　このうち、「ホッとする、ハッとする、カッとする、スッとする、ムッとする、ギョッとする、ジッとしている」などは、CV タイプの語根と「と」が韻律化して融合しているが、その多くが、オノマトペに特徴的な頭高型のアクセントではなく、無アクセントのパターンで現れる。第5章で見るように、無アクセント化は一般に、語彙に対する「慣れ」の現れであり(井上 1998)、オノマトペの体系の中では、オノマトペが一般語彙化したことを反映する。

　意味的にも、「する動詞」は、副詞用法とは異なる。田守・スコウラップ(1999)は、擬音語よりも擬態語が、「する動詞」を派生しやすく、また、中でもとりわけ「クヨクヨする」とか「ウットリする」などの心情を表す擬情語が、例外なく「する動詞」を派生すると指摘している。

　このように、「する動詞」が、様々な点で、副詞的用法の範疇からは予測できない性格を持っていることは、従来かなり理解されていた。ただし、それが「する動詞」を派生するオノマトペの性格によるというよりは「する動詞」に対する制約であることは、「する動詞」の意味論的および統語論的な特徴に関する影山の一連の研究(影山 2005; Kageyama 2007)によってはじめて明らかになった。影山(2005)は、「する動詞」(影山は「擬態語動詞」と呼ぶ)を、次の意味的統語的グループに分け、「する動詞」が一般動詞と同質の語彙概念構造を持っていると主張した。

主語が行動主か経験主の動詞
» （背中を）トントンする。（意図的な働きかけ）
» アクセクする。（意図的な行為）
» （観光地を）ウロウロする。（経路の移動）
» ガッカリする。（心理）

主語が無生物の変化対象の動詞
» （頭が）ズキズキする。（身体部分の動きの知覚）
» （椅子が）グラグラする。（物体の動きの知覚）
» （味が）アッサリしている。（物体の特徴的な性格）

　この分類は、オノマトペの副詞用法のあり方からだけでは「する動詞」の特徴を予測できないことを、次の点で示している。まず、副詞用法のオノマトペは、自動詞とも他動詞とも共起するが、「する動詞」は基本的に自動詞である。他者や物への意図的な働きかけを意味し他動詞として機能する「する動詞」（上の分類で最初にあげられている）は、次の例から分かるように幼児語あるいは幼児に対する大人の発話に特徴的である (Kageyama 2007; Akita 2009; 鈴木 2013)。

» お母さんの肩をトントンする。
» 戸をトントンする。

また、「口をパクパクする」のような、自身の身体部位への再帰的働きかけの動詞の場合は、「口をパクパクさせる」のように、使役動詞「させる」を使うのが普通である。つまり、大人の文法では、「する動詞」は他動詞としては、使えない。
　一方、副詞用法では、これらのオノマトペと他動詞との共起に何ら問題はない。

» ｛お母さんの肩を／戸を｝トントン叩く。

» 口をパクパク動かす。

また、副詞用法の場合には、同一のオノマトペで自動詞とも他動詞とも現れうるものが多くある。

» ふたがパッとしまった。
» ふたをパッとしめた。

» 戸がガラガラと開いた。
» 戸をガラガラと開けた。

» 独楽がクルクル回った。
» 独楽をクルクル回した。

しかし、これらでも、「する動詞」になると、「(みかけが)パッとしない、(喉が)ガラガラする、(目が)クルクルする」など、自動詞しかない。
　つまり、「する動詞」は、一見オノマトペの副詞用法と何ら変わりないように見えながら、実は一般語彙化しており、副詞用法からだけでは説明できない制約を含んでいるのである。このことは、Kageyama (2007)が意図的な動詞と見なしている「アクセクする」や「ウロウロする」といった動詞のタイプを「意図性」「具体性」という点から、詳しく見直してみても言える。次に、副詞用法の「ブラブラ」「バタバタ」と「する動詞」としての「ブラブラする」「バタバタする」を比較してみよう。
　まず、「ブラブラ」の基本的な音象徴は、Kageyama (2007)も指摘している通り、「上部の1点で固定された物体が振り子のように振幅運動をする」ということである。この具象的な音象徴は、「ブラブラする」にも受け継がれる。

» 電線がブラブラ揺れている。(副詞用法)
» 電線がブラブラしている。(する動詞)

また、「ブラブラ」は、「目的意識のある行動は、直線的な運動であり、目的意識のない行動は、非直線的な運動である」というメタファーを経由して、「ブラブラ時間をつぶす」という抽象的な音象徴に拡張される。「ブラブラする」はこの意味も引き継ぐ。

» 母親は、駅でブラブラ時間をつぶした。(副詞用法)
» 母親は、駅でブラブラした。(する動詞)

しかし、副詞用法では問題のない「人間が意図的に揺れる運動をする」という意味は、動詞の方の「ブラブラする」では表せない。

» 子供は、鉄棒からブラブラぶらさがった。(副詞用法)
» *子供は、鉄棒からブラブラした。(する動詞)

「バタバタする」も同様である。「バタバタ」の具象的な音象徴は、「重くて平らなものが何かに当たる」ということである。その意味は「バタバタする」にも引き継がれる。

» 旗が風でバタバタ翻っている。(副詞用法)
» 旗が風でバタバタしている。(する動詞)

また、「稼ぎ手、手が足りない」という表現の存在から分かるように「手(足)を動かすこと＞仕事をすること」というメトニミーから派生する、仕事の仕方の意味の「バタバタ」は、「バタバタする」に引き継がれる。この場合、もちろん本当に音を立てて仕事をしているわけではなく、「バタバタ」は、慌しさを表している。

- » 毎日バタバタ仕事で走りまわっている。(副詞用法)
- » 毎日バタバタしている。(する動詞)

しかし、人間が本当に意図的に足音を立てて走りまわるような、「バタバタ」の具象的な拡張は、「バタバタする」には引き継がれない。

- » 子供はあたりをバタバタ走りまわった。(副詞用法)
- » *子供はあたりをバタバタした。(する動詞)

同様の例は他にも下にあげるように多い。これらも、副詞用法は、意図的で具体的な運動を修飾するが、対応する「する動詞」は存在しない。

グルグルまわる	*グルグルする
クルクルまわる	*クルクルする
プカプカ浮かぶ	*プカプカする
テクテク歩く	*テクテクする
トボトボ歩く	*トボトボする
トコトコ歩く	*トコトコする
ツカツカ進む	*ツカツカする

それでは、どんな「する動詞」が人間を主語にとれるのかと言うと、人間を主語とする「する動詞」で存在するものは、「走る」とか「歩く」とか「働く」のように行動を具体的に細分して叙述した自動詞ではなく、自制不可能な身体の動きや心理や態度に焦点がある自動詞である。例えば、自制不可能な動作を表すものは、次のようなものがある。

アップアップする、フラフラする、モタモタする、ウトウトする、ヨロヨロする、ヨタヨタする、ヨタッとする、フラッとする、グッタリする、ウッカリする

また、心理動詞には、次のようなものがある。

> ビクビクする、ビリビリする、ドキドキする、ハラハラする、
> ヒヤヒヤする、イライラする、キリキリする、クヨクヨする、
> ムカムカする、ピリピリする、ワクワクする、ヒヤッとする、
> ムカッとする、ホッとする、ムッとする、カッとする、
> ビックリする、ゲンナリする、ホロリとする

Kageyama(2007)が意図的な行動の動詞と見なしている次の「する動詞」のタイプも、動作や行動だけでなく、態度、精神状態、感情などの意味を含んでいる。

> ダラダラする、デレデレする、ガツガツする、グズグズする、
> ハキハキする、コソコソする、キョロキョロする、ニコニコする、
> ニタニタする、ニヤニヤする、ペコペコする、セカセカする、
> シクシクする、ソワソワする、ベタベタする、マゴマゴする、
> ウロウロする、イチャイチャする、メソメソする、モジモジする、
> オドオドする、オロオロする、ダラッとする、デレッとする、
> ニコッとする、ニタッとする、ニヤッとする、キリッとする、
> ブスッとする、ポカンとする、ニッコリする、ムッツリする、
> キリリとする

これらが、単に意図的な行動の表現でないことは、例えば、副詞用法の「ペコペコ」と一見動作の描写に見える「ペコペコする」を比較してみると分かる。

> » 社長にペコペコお辞儀をした。（副詞用法）
> » カウンター越しにお客にペコペコ頭を下げた。（副詞用法）

》　社長にペコペコした。（する動詞）
》？カウンター越しにお客にペコペコした。

　上の例で、副詞用法の方は、単に具体的な 1 回の動作を描写していて、内面の態度は意味に含まれていない。一方「する動詞」の方は、具体的な動作を描写しているわけではなく、「卑屈な態度をとる」という意味で、一回性の対応には、使いにくい。
　こうして、大人の文法に、意図的な働きかけを意味する他動詞としての「する動詞」がないだけでなく、意図的で具体的な運動を意味する「する動詞」は一般に存在しないということになる。このように、「する動詞」は、副詞的用法の音象徴は受け継ぎながら、副詞的用法からは予測できない意味的な制約に縛られている。

4.5　オノマトペから派生する「めく動詞」と「つく動詞」

　「する動詞」は、形態的には、副詞用法に近く、おそらくそのために、上記のような語彙的な性格が一般に認識されていないのだが、それよりさらに一般語彙化した、動詞化接尾辞「めく」ないしは「つく」によって派生される動詞は、かなりの数が辞書にも登録されて、語彙として確立している。
　共通語での「めく」と「つく」の違いは、「ザワめく」と「ザワつく」のコントラストに端的に現れている。つまり、「めく」は上品な言葉という意味を持つ。共通語では、「めく」は、あまり生産力がなく、次のように「つく」が主流になる。

　　ヒシめく、ドヨめく、ザワめく、キラめく、ヨロめく

　　パラつく、ペタつく、バラつく、バサつく、フラつく、フワつく、
　　チラつく、チャラつく、ダブつく、キラつく、ギラつく

　一方、津軽方言では「めぐ、づぐ」が上記に対応するが、津軽方言の

「めぐ」には、上品な言葉という意味はなく、むしろ「づぐ」より頻繁に使われる。そして、「めぐ」と「づぐ」の違いは、「めぐ」が全体的な印象や恒常的な状態を表すのに対し、「づぐ」の方が直接的な感触や、具体的な動作を表すというような違いらしい。次に例をあげよう。

　　エロめぐ………もたついた言い方をする
　　ゴダめぐ………ゴタゴタする
　　ザワめぐ………ザワザワする
　　ハカめぐ………あせる
　　バダめぐ………バタつく
　　ブラめぐ………ブラブラする
　　ベチャめぐ……ベタベタする
　　ユラめぐ………ユラユラする
　　ピカラめぐ……ピカピカ光る
　　ユキラめぐ……揺らぐ
　　ビックラめぐ…ビックリする
　　ウルフルめぐ…慌てふためく
　　バフタラめぐ…人の歩き方がだらしない

　　ザワづぐ………ザワザワする
　　ブラづぐ………ブラブラと動き回る
　　マゞゴづぐ……ウロつく、ほっつきまわる、ブラつく
　　ユラづぐ………ユラユラする

　大澤(2006)によると、中古、中世には、「めく動詞」が「する動詞」よりも、はるかに生産的だった。津軽方言の「めぐ」は、まさにその状態を保持している。
　さて、接尾辞による動詞の派生が、「する」による動詞化より、さらに一般語彙的な語を作り出す過程であることは、その形態に反映されている。「する」とCVCVとの合成では一般に、「ガタガタする」のよう

に、アクセントがオノマトペの方についている。しかし、接尾辞による派生の場合のアクセントは「ツ゚ク、ズ゚グ、メ゚ク、メ゚グ、メ゚ガス」にあり、オノマトペ自体は全て無アクセントになる。これは、「する動詞」が韻律的な語との複合を許すのに対し、「めく／つく動詞」が韻律的な語を前部に許さないからである。

また、このタイプは、「する」のように広範な形態のオノマトペは許さない。「つく、めく」につくのは、CVCV タイプの語根 1 つのみである。津軽方言では、CVCV に「ラ」を加えたものや「ッ」を挿入したものからの派生語、2 つの CVCV タイプの語根の合成語からの派生語も含まれるが、同じ 2 拍でも、CV をもとにした「*カッつぐ」とか「*シンめぐ」というような派生動詞は津軽方言にも見当たらない。

4.6　オノマトペの形容詞的用法

「だ／の／な／に」の付く、いわゆる形容動詞としての用例には次のようなものがある。

» この芋、ゴリゴリだ。
» ピッタリ |の／な| 名前
» バラバラ |の／な| 動き
» バラバラ |の／な| 意見を何とかまとめよう。
» ガラガラの電車に乗った。
» コートがヨレヨレになった。

これらは、意味的には、「する動詞」に似ていて、最初の 2 つは、次のように言い換えることができる。

» この芋、ゴリゴリしている。
» ピッタリした名前

また、3 番目を「する動詞」で置き換えると次のようになる。

» バラバラした動き

ただ、「する動詞」の方は、運動の意味があるため、「バラバラした動き」は「運動の流れが悪い」という意味になるのに対し、「バラバラ{の／な}動き」は、「ある一時点で何人かの動きや身体の部分の動きに調和がない」という意味になる。4番目の「バラバラ{の／な}意見」以下では、「する動詞」は使えない。

　さて、オノマトペの形容動詞は、形態的には、重複形、及び、接中辞「ッ／ン」と接尾辞「リ」のついたものに限られる。

　重複形には、次のようなものがある。

　　ポンポンだ、ギューギューだ、グデングデンだ、ピチピチだ、
　　メチャクチャだ

これらは、みな、無アクセントになる。

　一方、接中辞「ッ／ン」と接尾辞「リ」のついたものには、次のようなものがある。

　　ガッカ'リだ、ウンザ'リだ、キッチ'リだ、ピッタ'リだ

これらは、アクセントが保たれるが、この形態は、既に見たように、動詞との共起性が弱く、「容易さ、速度、量、確実さ、完全さ」などを意味する程度副詞に拡張しやすいタイプである。それが、同時に、形容動詞的なオノマトペを派生するわけである。

　興味深いことに、これらは、那須(1999b)が指摘するように、接中辞「ッ／ン」がつかない対応形が存在しないか、存在しても形容動詞として使われないものばかりである。

　　*ガカリだ、*ウザリだ、*キチリだ、*ピタリだ

これは、オノマトペ由来の形容動詞は、最低4拍という音韻制約があるからだと見られる。

さらに、この形態に関してもう1点興味深いことは、C_2 が /r/ のものは全くないことである。つまり「フラ」とか「カラ」といった語根は、「リ形」の副詞的オノマトペ（例えば「フラリ」、「カラリ」）は派生するが、「リ形」の形容動詞は、派生しない。これは、上述の最低4拍という音韻的な制約に加えて、第2章でも触れた、接中辞「ッ／ン」は、/r/ の前には入れられないという制約の結果である。すなわち、接中辞を挿入して4拍にしようにも術がないのである。そこで、C_2 が /r/ のオノマトペの形容動詞化には、次のような重複のタイプしかない。

» 疲れてフラフラだ。
» のどがカラカラだ。

あるいは、同じような意味を伝えるためには、「する動詞」で言い換えるしかない。

» カラリとした出来上がり

第 5 章　オノマトペの音韻制約と音象徴

第4章では、一般語彙の中にも音象徴的な要素が見られることを確認し、同時に、「する動詞」、「つく動詞」、オノマトペの形容動詞など、語彙化したオノマトペの特性の1つとして、一般言語的な意味上の制約や形態的制約が、音象徴的意味とは関係なく自律的に作用するということを処々で指摘した。例えば、副詞的なオノマトペは、人間の意図的で具体的な運動のあり方を修飾できるにも関わらず、そのような運動を意味する「する動詞」は成立しない。また、「する動詞」の派生に関わるのは、制限された形態であるし、「つく、めく」につくのは、CVCVタイプの語根1つのみである。「カラ」のようにC_2に /r/ を含む語根の場合、音韻的制約のために、重複形だけが形容動詞を派生する。

　ところで、上にあげたような自律的な制約のうち音韻的制約は、一般語彙化したオノマトペのみならず、既に、副詞用法のオノマトペにも広範に見られる。実際、近年の日本語の音韻論では、音韻論的、形態論的な立場からのオノマトペの研究が進み、日本語のオノマトペが非常に言語的な制約を受けること、一般語彙の語形成と不可分の関係にあることなどが、明らかにされてきており、日本語の音韻組織を語るのにオノマトペは、欠かせないものになってきている。本章では、その中でも特に洞察が深い那須の一連の研究を中心にオノマトペの音韻制約を考え、最後に音象徴と音韻制約の関係について若干私見をまとめ、第6章への繋ぎとすることにしよう。

5.1　有標の構造と無標の構造の競合

　那須(1999c)は、オノマトペの音韻構造(特に韻律構造)を理論的な立場から扱った草分け的な論文の1つである。この論文で那須は、「ピッカピカの」などに見られるオノマトペ形容動詞における強調の接中辞の挿入について興味ある観察と分析をした。

　CVCVタイプの語根から派生する重複形形容動詞には、「ピカピカの」の他に、「ピッカピカの、ピカッピカの、ピカピッカの」など、促音の挿入部だけに違いのあるものが見られる。那須によれば、これらのタイプは、共通語使用者に全て適格なものとして受け入れられるのでは

ない。また、語根の音韻特徴によっても、受け入れられ方に違いが見られる。「ピカ」(C_1、C_2ともに無声阻害音)、「ツブ」(C_1は無声阻害音、C_2は有声阻害音)から派生する形態について、那須の被験者に好まれる順に並べてみると次のようになる。

　　ピッカピカ(99%)＞ピカッピカ(1%)＞ピカピッカ(0%)
　　ツブッツブ(70%)＞ツッブツブ(19%)＞ツブツッブ(0%)

このような支持率をもとに那須は、次の結論に到達する。

　まず、「ピカピッカ」のタイプを好む者は、語根のタイプに関わらず、ほとんどいない。これは、右の項の方が左の項より韻律的に重いことは、ほぼ絶対的に避けなければならないからである。

　さらに、「ピッカピカ」が「ピカッピカ」より好まれるのは、重音節「ピッ」が語の左端に現れる方が、それ以外の位置に現れるより韻律的に無標で(つまり無理がなく)、より好まれるからである。

　ただし、「ツッブツブ」と「ツブッツブ」では、この2つのタイプに対する支持が逆転する。これには、有標の韻律構造と有標の音配列構造に対する制約の競合が関わっている。この場合、有標の韻律構造とは、重音節が語の左端以外の位置に現れることであり、有標の音配列構造とは、「ッブ」のように促音の後に有声子音が現れることである。今問題になっている促音の挿入のプロセスでは、たとえ有標の韻律構造という対価を払ってでも、有標の音配列構造の方が避けられる。つまり、これらの音配列に関する制約と韻律構造に関する制約では、前者の方が後者より強い。どちらか1つだけを守らなくてはならなくなった場合、強い制約の方が勝つのである。

　那須のこの分析は、最適性理論と呼ばれる音韻論の理論を支持するのに、使われている。Alan Prince、Paul Smolensky、John McCarthy(Prince & Smolensky 1993; McCarthy & Prince 1993a, b)らによって開発された最適性理論では、言語の表層に現れる形態は競合する様々な制約の階層化の結果であり、他の形態に比べて制約違反が最も軽い形態が最も適

格な形態として生き残ると見られる。そこでは、制約というものは、全く違反できないものではなく、ランクの高い制約を犯さない限り、比較的ランクの低い制約を犯したものでも、最適な形態と見なされうる。

「ピッカピカ」と「ピカッピカ」、「ツッブツブ」と「ツブッツブ」の関係に関して、細かい議論は省略して、大まかなところをこの理論で言い換えると、次のようになる。

これらの形態には、特に次の制約が関わっている。

　　制約1：重音節は語の左端以外の位置に現れてはならない。
　　制約2：促音の後に有声子音は現れてはならない。

この2つの制約では、制約1の方が高くランクされている。「ピッカピカ」と「ピカッピカ」のどちらも、制約2は違反しない。しかし、「ピカッピカ」は、制約1に違反する。そこで、「ピッカピカ」が、制約1に違反せず制約違反が1つ少ないために、最適な形態と見なされる。一方、「ツッブツブ」と「ツブッツブ」では、「ツッブツブ」が制約1を、「ツブッツブ」が制約2を犯すというように、違う制約を1つずつ犯しているのだが、「ツッブツブ」の犯している制約1の方がランクが高いので、それを犯していない「ツブッツブ」の方が最適と見なされる。

このような議論は、日本語の一般語彙においてもなされているが、那須の分析は、オノマトペが同じような制約によって縛られていることを明らかにした。

同様に、オノマトペのアクセントの分布も普遍的な音韻制約に従っていることを、那須は示している。次には、それを扱おう。

著者は、Hamano(1998)で、オノマトペのアクセントの位置をいくつかの単純ではあるが普遍性を欠く規則で計算しようとした。那須(2002)、Asano(2003)らは、Hamano(1998)の問題点を指摘して、それに代わって、いくつかの普遍性のある制約の優先順位によりアクセントが与えられると主張している。那須(2002)の主張の概要を次にまとめる。

那須は、まず、次のようなオノマトペのアクセントパターンは、日本語一般の音韻構造にそわないことを指摘した。

　　ピカピカ゜ッ
　　ピピピ゜ッ
　　パカ゜ン
　　パカ゜ッ

音韻論では、「フット」という単位が重要な位置を占めている。「フット」は、2拍から成り、オノマトペでは、「ピー、ピン、ピッ」のようなCVXの形態か「ピカ」のようなCVCVの形態をとる。さて、上記のオノマトペをフットに解析すると、次のようになる。

　　ピ(カピ)(カ゜ッ)
　　(ピピ)(ピ゜ッ)
　　パ(カ゜ン)
　　パ(カ゜ッ)

これらでは、アクセントが語の最終のフットにあり、このパターンは、普遍的に避けられるパターンである。しかし、これらのオノマトペが常に引用の助詞「と」を伴うことを考慮に入れると、実際には、「と」の韻律化により、韻律構造は次のようになっていると考えられる。

　　ピ(カピ)(カ゜ッ)と
　　(ピピ)(ピ゜ッ)と
　　パ(カ゜ン)と
　　パ(カ゜ッ)と

このパターンでは、アクセントの置かれたフットは、語の最後にない。その点で、これらのオノマトペは、無標の韻律構造を持っている。この

パターンは、次のように、日本語の外来語や複合語に見られる「語末から数えて3番目の拍を含む音節にアクセント核を与える」(McCawley 1968)にも合致する。

アイソト゚ープ
ミトコンド゚リア
わらべ゚うた
こなぐ゚すり

このように、オノマトペのアクセントも、音象徴からは独立して、自律的に日本語一般の音韻制約に従っていると言える。この分析は、アクセントの位置を説明するだけでなく、引用の助詞が、「ピ゚カピカ（と）」などでは省略できるのに、「ピカ゚ッと」では省略できないことも、音韻論的に納得のいく説明をしてくれる。（ただし、後述するように、「と」の省略は音象徴的な動機によると、本書の著者は考えている。）

5.2　韻律的な鋳型の存在

音をまねするのがオノマトペの役割なら、オノマトペは一定の長さに固定されることはないだろう。しかし、既に垣間見てきたように、日本語のオノマトペの体系では、語は限定された拍数から成ることが多い。

まず、CVCVタイプの語根は、2拍を形成するし、CVタイプの語根は普通そのままでは現れることができず、「パンと、パッと、パーと」のように、CVXとしてCVとXの2拍を形成してから「と」が付加されたり、「ピーピー」のように重複形を形成する。つまり、2拍はオノマトペの語で重要な鋳型の役割をしている。

このような2拍の鋳型の重要性は、日本語の一般語彙でも、「けん（ちゃん）、みっ（ちゃん）」のような愛称の形成などに関して指摘されている(Poser 1990; 那須 2002)。

さらに、那須(2002)は、オノマトペ固有の4拍の鋳型の重要性を指摘する。これについては、一般語彙に同じ鋳型が見られるというわけで

はなく、むしろ一般語彙では4拍の構造は特異だと言う。が、拍による鋳型が、音象徴とは関係なく、自律的にオノマトペを支配するという点は、注目に値する。

　それでは、4拍の鋳型はどこに現れるのだろう。副詞用法の重複形「ピタピタ、ピーピー、ピンピン」などが4拍の構造を持っていることは、これらが2拍の形態の繰り返しであることからして当然だとして、そのほかにも4拍が韻律的な構造をなしていると分析しなければ理解できないことがあると那須は主張する。すなわち、次のような4拍のオノマトペは、重複形であれ、強調の接中辞の入ったものであれ、引用の助詞「と」を必ずしも必要としない。

　　ピカピカ(と)
　　ピーピー(と)
　　ピンピン(と)
　　ポイポイ(と)
　　ピッカリ(と)

一方、3拍のオノマトペは、「と」が省略できない。

　　ピカリと
　　ピカッと
　　パッパと

また、CVタイプの語根から成る2拍のオノマトペ(つまりCVXのタイプ)は、「と」が省略できないだけでなく、特にCVVのタイプは、話し言葉では、促音を付加することにより、3拍に拡張されることが多い。

　　パーッと
　　ポイッと

これらの違いは、4拍のオノマトペが安定した形であるのに対し、3拍や2拍のオノマトペは、鋳型を充足しておらず、不安定だということを示している。そのため、3拍のオノマトペは、「と」を韻律的に取り込んで、4拍のユニットを形成し、2拍のオノマトペは「と」だけでなく、促音も取り込むことで、鋳型を充足するのである。

 4拍の鋳型の役割は、那須(2002)が指摘した以外にもまだある。第4章で見たように、「する動詞」の場合も、4拍以上が基本である。そのため、3拍のオノマトペは、「と」が必要になる。

　　ガタガタする
　　スースーする
　　ホロリとする　　*ホロリする

また、2拍のオノマトペから「する動詞」を形成する場合は、副詞の時と同じように、「と」が必要な上に、話し言葉ではしばしば母音の長音化が起こる。

　　ピンとする　〜　ピーンとする

 同様に、オノマトペ由来の形容動詞は、最低4拍でなければならないことは、第4章で見た。

　　ガタガタだ　　*ガタだ　　*ガタリだ
　　スースーだ　　*スーだ　　*スッスだ
　　ビックリだ　　*ビクリだ

そして、その結果、接中辞「ッ／ン」を挿入できない C_2 が /r/ の語根は「リ形」の形容動詞を生成できず、重複形に頼るか、「する動詞」で言い換えるしかないことを確認した。これは、3拍では、鋳型を満たさず、一方、「ッ／ン」を含むことによって4拍に成ったものは、音配

列構造に違反するからである。

- » ＊疲れて、｛フラリ／フッラリ｝だ。　　フラフラだ。
- » ＊私は、｛ホロリ／ホッロリ｝だった。　　ホロリとした。
- » ＊｛キリリ／キッリリ｝の態度　　　　　　キリリとした態度

　このように、韻律的な鋳型は、音象徴とは関係なく、自律的にオノマトペの形態を支配している。

5.3　その他の音韻制約

　上記の現象は、オノマトペというような一見特殊な語彙にも、一般語彙と同じ韻律上の原理が適用できることを示しているが、この他にも、オノマトペに特有の音韻制約がある。それは、「ガサゴソ、ギクシャク」のように異なった CVCV タイプの語根の組み合わせから成る合成語に関わる制約である。

　面白いことに、異なった語根と言っても、どのようなものでも組み合わせられるわけではない。これらは、「ガサ＋ゴソ」のように子音の組み合わせが同じで(この場合は、/g-s-/)、母音の組み合わせが /-a-a-o-o/ のものか、または、「ボカ＋スカ、ニコ＋カコ」のように第2音節が同じものに限られるのである。このうち、前者のタイプは、生産性はなく、「カラコロ、ガラゴロ、カタコト、ガタゴト、カサコソ、ガサゴソ」に限られている。現在の共通語でも津軽方言でも、多用されるのは、後者のタイプで、次のようなものがそれぞれある。

共通語
　ペチャクチャ、ボカスカ、ヘドモド、ムシャクシャ、チクタク、
　チラホラ、テキパキ、ツベコベ、デコボコ、ドタバタ、ドカスカ、
　ドギマギ、ジタバタ、ジャカスカ、ノラクラ、ギクシャク、
　アタフタ、ウロチョロ、ヤキモキ

津軽方言
　　エﾞガモﾞガ、ガカモカ、ガサモサ、カチャクチャ、グｯツモツ、
　　ガヤグヤ、グンズモンズ、グダモダ、グヤガヤ、ズカモカ、
　　ズガモガ、ズﾞガモﾞガ、ズﾞグムﾞグ、ズﾞグモﾞグ、ズラカラ、
　　ズラモラ、ダラモラ、チャカスカ、チャカモカ、テキパキ、
　　ニコカコ、ネックツ、ネパカパ、マヤクヤ、メチャクチャ

　これらに関しては、1項と2項の第2拍が同じという以外にもう1つ独特の音韻的制約がある。すなわち、「ペチャクチャ、ドカスカ、ドタバタ、ノラクラ、ヘドモド、ドギマギ」のように1項と2項の頭の組み合わせが「無声阻害音+無声阻害音、有声阻害音+無声阻害音、有声阻害音+有声阻害音、共鳴音+無声阻害音、無声阻害音+共鳴音、有声阻害音+共鳴音」のものはあるのに、「*ペチャグチャ」とか「*スカドカ」(「無声阻害音+有声阻害音」)あるいは「*ノラグラ」(「共鳴音+有声阻害音」)のようなものは、全くないことである。これを説明するには、阻害音の弁別的な有声音のもたらす相対的な重さという概念が適切かもしれない。つまり、ちょうど、重音節が左端にあるのが好まれるように、有声音による重さのバランスに関しても、一般に第1項の方が第2項より、重たくなければならないのかもしれない。もう1つの可能性は、オノマトペでは、連濁が許されないため、連濁と類似する形態が好まれないのかもしれない。

5.4　オノマトペの音象徴と音韻制約の関係

　オノマトペと、一般語彙の関係を考える場合、通常、問題として提起されるのは、オノマトペが明確な語彙層を成していると言えるかどうか、言えるとすれば、どのような特徴によってオノマトペは他の語彙と区別されるかということである(Itô & Mester 1995; 田守・スコウラップ 1999)。

　しかし、本書では、日本語のオノマトペは、音象徴的な動機に基づいた独特の性格を持ちながらも、非常に言語的な制約を受けており、一般

語彙の形成過程とも、不可分の関係にあることを明らかにしてきた。同時に、オノマトペは、一様な性格のものではなく、一般語彙に非常に近いものから、遠いものまで連続体を成していることも、明らかにしてきた。本書が第6章で展開するような、オノマトペと音韻史を関係づけようとする立場から言えば、必要なのは、オノマトペを一般語彙から区別することではなく、むしろ、オノマトペを、音象徴的機能と音韻論的制約の微妙なバランスの上に存在する連続体と捉えることだと思われる。

既に述べたように、一連の論文における那須の強調辞に関する洞察の価値は、オノマトペの音韻構造を一般語彙の音韻構造と同等の理論的なレベルに高めた点にある。しかし、オノマトペの形態は、音韻上の制約によってだけ決定されるのではなく、音象徴的制約も働いていることは、明らかである。

1例をあげると、具象的なオノマトペは、アクセントがなくてはならない。無アクセント化(平板化)は一般語彙でも語彙に対する「慣れ」の現れであり(井上1998)、オノマトペの体系の中では、オノマトペが一般語彙化したことを反映する。これは、次のことから分かる。

まず、副詞の「パ'カパカ(と)、ピ'ーピー(と)」には、アクセントがあり、形容動詞の「パカパカの、ピーピーの」には、アクセントがない。

また、副詞としてしか使われないCVCVタイプは、全てアクセントがあるのに対し、形容動詞としてしか使われないCVCVタイプ、「パッカパカの、パカッパカの」などは、アクセントがない。

さらに、アクセントのある1音節の副詞は、「グ'ーッと押す、ピ'ンと弾く、キ'ッと見据える」のように、具象的な音象徴だが、「グッと分かりやすい、ピンと来る、キッとうまくいく」のようにアクセントがないものは、程度副詞であったり、より抽象的な音象徴を持っている。

もちろん、抽象的な音象徴のものでも、アクセントがあるものはある。「リ形」は副詞であれ、形容動詞であれ、アクセントが「リ」の前に置かれると決まっているし、また、抽象性の高い「チョ'ッと」には

無アクセントの対応形がない。しかし、これは、語彙のレベルで指定されると見てよい。
　２つ目の例として、引用の助詞「と」の使用も、４拍の鋳型を満たすため、あるいは、アクセントが語の最終のフットにあるのを避けるためという韻律的な制約の他に、具象的な音象徴と抽象的な音象徴の違いも考えに入れなければならないだろう。つまり、「と」は具象的なオノマトペには、なくてはならないのである。そうでないと、「パ゚ラパラと」と「パ゚ラパラ」の２つが使われることは、Asano(2003)のように、単に２つの制約のランキングが入れ替わるという機械的な解決で終わってしまう。
　３つ目の例としては、強調の要素の挿入がある。ここでも、韻律的な動機と音象徴的な動機が同時に認められる。
　那須(1999b)は、「ピッカピカ、ピッカリ、フンワリ」などに見られる強調のための促音ないしは撥音の挿入を、韻律的な範疇である特殊拍の挿入と見なした。また、那須(2002)は、このプロセスに「ピカーリ」などに見られる長母音化も含め、それらが相補分布の関係にあると主張し、オノマトペの強調とは、韻律形態論的なプロセスであると言っている。
　確かに、接中辞としての強調辞が「リ形」のオノマトペの中で促音、撥音のどちらとして現れるかということは、何度も言っているように、接尾辞としての促音と撥音の使い分けのように音象徴的な意味を持たない。また、どこに現れるかということも、音象徴的な意味を持たない。それが、何故 V_2 ではなく、V_1 の後に現れなくてはならないかと言えば、それは、既に説明した /r/ の前に促音ないしは撥音を具現することが一般に許されないという音韻上の制約によると言ってよい。最適性理論的に言えば、「ピッタリ」は、「*ピタッリ、*ピタンリ」より適格であり、「フンワリ」は、「*フワッリ、*フワンリ」より適格である。
　また、「リ形」において、「トローリ、ソローリ、ノローリ」のような長音化が促音、撥音の挿入と相補分布の関係にあるということも、ある程度まで認められる。というのは、C_2 が /r/ の場合、上の「リ」に関す

る制約と同じ制約が働き、接中辞は許されないため、強調の要素としては、長音しか加えられないからである。

　ただし、接中辞として現れる強調辞と、長母音化には、位置による意味の違いもある。接中辞としての強調辞は、C_2 の前を長くすることでオノマトペの表す特定の運動に関して何かしらの度合いを強めている。例えば、C_2 が /t/ の場合には、/t/ が「接触」を意味することから、「接触の時の衝撃の強さ」を表す。次の例では、「衝撃の強さ」が、「はまり方の確実さ」の意味に拡張されている。

　　ピタリはまった　＜　ピッタリはまった

/k/ の場合には、/k/ が「上下運動」を表すことから、「上下の落差」を強調する。

　　ビクリとした（身体の一部の動き）
　　　　　　　　＜　ビックリした（身体全体の反応、驚き）

また、「際立っていること」を強調することが多い。

　　クッキリと描く、ハッキリと描く

/w/ は、接触の意味がないので、「柔らかさ」の強調になるらしい。

　　フワリと浮かんだ　＜　フンワリ浮かんだ

　一方、長母音化は、「パカーン、カターン、フワーリ」などから分かるように、「余韻や跳ね返りや運動に時間がかかること」を示す役割を持っている。
　接中辞と長母音化の違いは、「フンワリ」と「フワーリ」の使い方を比べてみると、よく分かる。

- » |フンワリ／*フワーリ| 空に浮かんだ雲
- » |?フンワリ／フワーリ| 上空まで上がった気球

　上の例で、「フンワリ」は、移動の時間とは関係ないが、「フワーリ」は、「移動に長時間かかること」を表している。このように、これらの強調の要素がどこに現れるかは、音象徴的に意味がある。韻律的な動機と音象徴的な動機は、共存しているのである。そもそも、最適性理論のような制約による言語理論は、様々の種類の制約が同時に働くことを拒まない。韻律上の制約と音象徴上の動機を同時に満たしているものが最適であっても、何ら矛盾はないはずである。

　次章では、口蓋化された子音の分布と両唇破裂音 /p, b/ の分布を扱うが、これも、オノマトペに音韻制約と音象徴上の動機が働いているという見方が必要になる問題である。

第 6 章　オノマトペと日本語の音韻変化

第1章から第5章までで、オノマトペは一般語彙と連続体を成しながら、かつ、音象徴的な特性を維持していることを、確認してきた。本章では、日本語の音韻の歴史でも、オノマトペは、一般語彙の音韻変化と密接な関係を持ちつつ、独特の対応をしてきたということを、オノマトペの2つの音韻特徴を根拠に主張する。その1つは、口蓋化された子音の分布であり、もう1つは両唇破裂音の分布である。口蓋化された子音の分布は、オノマトペでの口蓋化が、漢語での口蓋化とは起源を異にし、むしろ、和語に見られる口蓋化と共通していることを示す。また、オノマトペの両唇破裂音の分布は、いわゆるハ行転呼のオノマトペへの影響という興味深い現象を示唆している。

6.1 オノマトペに見られる弁別的な口蓋化

ここで言う口蓋化とは、母音 /a, o, u/ の前で子音が弁別的に硬口蓋化して、「ピャ、ピュ、ピョ、シャ、シュ、ショ」のような、いわゆる開拗音を生成することを意味し、母音 /i/ の前の無標の硬口蓋化とは、区別される。以下では、口蓋化の音象徴的意味を確認し、その分布特徴を音韻論的に説明し、さらに和語との連続性を明らかにする。

6.1.1 口蓋化の意味

第2章で、口蓋化は、「子供っぽさ」とか、「雑多なもの」といった音象徴的意味を持っていることに触れた。もう少し、具体的に言うと、口蓋化された子音が含まれるオノマトペは、「子どもっぽい落ち着きのない動き、雑多な音(をたてる運動)や安っぽさ、品のなさ」を表すものが多い。

「子どもっぽい動き」を表す例としては、次のようなものがあげられる。

　　ピョイ…………軽く飛ぶ様子
　　ピョンピョン……連続して飛び跳ねる様子
　　ピョコピョコ……弾むように上下に動く様子

チューチュー……子どもが飲み物を吸うような様子
　　　キョロリ…………落ち着かず見回す様子

「雑多な音」を表す例としては、次のようなものがあげられる。

　　　ジュッ……………熱い金属の板に水や水分の多いものが接触した時
　　　　　　　　　　　の音
　　　カチャカチャ……ガラスや陶器の破片やいくつもの食器がぶつかっ
　　　　　　　　　　　てたてる音
　　　チャリン…………小銭、鍵などがふれあって出す音

「安っぽいもの、品のない行動」の例は次のようなものがある。

　　　チャラチャラ……安物っぽく派手な様子
　　　ペチャペチャ……重要でないことを話し続ける様子

　ただし、これらには、もっと基本的な共通した意味がある。それは、「行動や運動が一定の方向に制御されていない」という意味である。「子どもっぽい運動」とは、十分に制御されていない運動であり、「雑多な運動や音」というのも、一定の方向に制御されていない運動や一定の音質でない音であり、また、「安っぽく派手なもの、品のないこと」というのは、表現や行動を自制しないということである。これらは、みな、何らかの意味で「制御が不十分」という意味を含んでいる。

　口蓋化のこのような「制御の不十分さ」という意味は、歯茎音の口蓋化が発声を完全に制御できない幼児の発話の特徴であることにその類像性の基礎をおくと考えられる。そして、それが大人によって幼児語の特徴として認識され、大人から幼児への発話にも使われ、メトニミー的に拡張されているのだろうと考えられる。制御されていない運動というのは、力が足りなくて方向が変わったり、反対に力が不必要に強すぎていろいろな方向に運動が拡散した結果、雑多な音を出したりする。これ

が、口蓋化が「子どもっぽさ、幼稚さ、不安定さ、頼りなさ、多様さ、不要な力、雑音、品のなさ、安っぽさ」といった意味に広がる理由であろう。この観点に立つと、「子ども、安っぽさ、雑多な音」などとは関係のない次の表現が口蓋化を含むことが理解できる。

>　チョロチョロ……水が一定の方向に強く流れずたよりなく流れたり、方向を不規則に変えて動くこと
>　ニョロニョロ……方向を不規則に変えて移動する蛇のような動物の動き
>　ギュッ……………非常に強く握りしめる様子
>　ムニャムニャ……よく聞こえない発話を続けること

6.1.2　口蓋化の分布

　このように、口蓋化は、発声的な特徴に基づいた、かなり具象的な音象徴を持っている。しかし、面白いことに、オノマトペの語彙における口蓋化の分布は、音象徴的な意味とは全く関係なく自律的で音韻論的な制約を受けている。

　まず、口蓋化された子音は、語根1つにつき、1度だけ現れることができる。これは、CVタイプの語根では重複形には、重複の回数だけ、口蓋化が現れることを意味する。以下本章では、これが分かりやすくなるように、重複される部分の境界を「・」で記す。

>　ピョン、チュー・チュー、ギュッ、ニャー・ニャー、キャッ・キャ、チョ・チョン

CVCVタイプでも、CVタイプと同じく、口蓋化は、語根1つにつき、1度だけ現れることができる。そこで、重複形には、重複の回数だけ、口蓋化が現れる。

>　ピョコン、カチャン、ガッチャン、ピョコ・ピョコ、ガチャ・ガチャ

一方、「ピョコン」は、あっても、「*ピョキョン」のように、CVCVタイプの語根1つから成っていて、かつ口蓋化を2度含むものは、絶対にありえない。CVタイプの語根2つから成り2音節を形成する「チョ・チョン」が口蓋化を2度含むことを考慮に入れると、「*ピョキョン」の不在は、口蓋化が、韻律的な語ではなく、語根をその領域とし、語根につき1つというように限定されていることを示している。これは「バン」、「バタン」に見られるような阻害音の有声音が、語根につき1つなのと状況が似ている。(ただし、もう少し、複雑である。)

　さて、CVタイプの語根に関しては、口蓋化の具現のし方は単純である。すなわち、音節の頭に現れうる子音なら、どのような子音であっても口蓋化されうる。そこで、次のような、口蓋化された子音を含むオノマトペが存在する。

　　ピョン・ピョン、ビュン・ビュン、ヒョイ、チュー・チュー、
　　シャン、ジュッ、キャッ、ギュッ、ニャー・ニャー

　しかし、CVCVタイプの語根に目を移すと、事はもっと複雑で、どの子音にも口蓋化が起こるというわけではない。口蓋化は、語根に歯茎音があるかどうかによって違ってくる。

　まず、C_1とC_2のどちらにも歯茎音がない場合は、C_1が口蓋化される。

　　ピョコ・ピョコ、ヒョッコリ、ギャバ・ギャバ

　一方、同じ語根に歯茎音と非歯茎音があった場合、口蓋化は、歯茎音/t, d, s, z, n/ を優先する。すなわち、次の例のように、C_1だけに歯茎音があった場合は、C_1が口蓋化される。

　　チャカ・チャカ、ジョキ・ジョキ、シュパ・シュパ

C_2 だけに歯茎音があった場合は、C_2 が口蓋化される。

　　パチャッ、クシャッ、クチャ・クチャ、カシャ・カシャ、
　　ウジャ・ウジャ、ネチャ・ネチャ

歯茎音が含まれているにも関わらず、非歯茎音が口蓋化される次の様なものは全くない。

　　*タキャ・タキャ、*キュタ・キュタ、*キャサ・キャサ

これらの許されない形態の「キャ、キュ」は、それ自体は日本語で可能な音節である。つまり、歯茎音を優先するという制約は、音節を対象とした制約ではなく、CVCVタイプのオノマトペを範疇とした制約である。
　上の一般化のただ1つの例外は、「キョトン」や「キョト・キョト」に含まれる「キョト」という語根だが、これは、「キョロ・キョロ」の「キョロ」との類推でできた形らしい。
　ところで、歯茎音が優先されると言っても、歯茎弾き音 /r/ は、例外で、/r/ が口蓋化されることはない。そこで、次のようなものは存在しない。

　　*パリャッ、*コリョ・コリョ、*カリャ・カリャ

/r/ の位置は、「パラ、ピリ、プル、ポロ、カラ、ゴロ」などから分かるように、CVCVタイプの C_2 に限定されている。そのために、/r/ が含まれているオノマトペの口蓋化は、C_1 に限られる。次の例は、C_1 に非歯茎音が含まれていて、それが口蓋化されている例である。

　　ピョロリ、ヒョロ・ヒョロ、キョロ・キョロ、ギョロッ

次は、C_1 が歯茎音の場合である。

　　チャラン、ジョロ・ジョロ、ニョロ・ニョロ、シュル・シュル

つまり、/r/ は、口蓋化に関して、歯茎音ではないかのようにふるまう。
　このような特徴は共通語のオノマトペだけに見られるものではなく、中央以外の方言でも同じである。下にあげるように、津軽方言独特のオノマトペで、口蓋化を含むものも、全て上記の一般化にかなっている。

　　ギチャッ、キャラ・キャラ、グジャッ、ゲチャラ、ゴシャ・ゴシャ、
　　コチョラ、ジャｾグ・ジャｾグ、ジャプッ、ジョロッ

さて上記では、C_1 と C_2 の双方に歯茎音があった場合を検討しなかった。実は、C_1 と C_2 の双方に歯茎音があった場合は、C_1 と C_2 のどちらの歯茎音も口蓋化されうるようである。次は、C_2 が口蓋化されている場合である。

　　ドシャ・ドシャ

　一方、次の例では、C_1 が口蓋化されている。

　　シャナリ

津軽方言にも、後者の例となる「チャス・チャス、ヂャス・ヂャス」（口の中で砂粒がこすれあう感触や音）がある。このタイプは、Hamano(1986)、Hamano(1998)では、認識していなかったが、これらの口蓋化には、おそらく後続の母音が関わっている。この点については、次項で扱い、そのため分析も Hamano(1986)、Hamano(1998)とは、若干変わる。
　いずれにせよ、口蓋化において歯茎音が優先されることは確かで、こ

れは、口蓋化された歯茎音の頻度にも反映され、オノマトペでは口蓋化を含む音節の半数以上は歯茎音を含んでいる。

6.1.3 口蓋化の音韻論的説明

上述の口蓋化の分布の説明は、オノマトペが一般語彙と同じように、音韻論の対象になりうる性格を持っていることを示している。そこで、Hamano (1986) 以降、オノマトペにおける口蓋化は、一般語彙と同じように理論的な音韻論の立場から議論されている。

その代表的なものの1つは、口蓋化を自律分節形態素と呼ばれる形態素と捉え、歯茎弾き音 /r/ の独特の特徴を理論的に捉えようとする Mester & Itô (1989) であった。Mester & Itô によると、口蓋化という自律分節形態素は、語根につき最大1つ、基層の構造で指定される。次の図は、それを簡略化して示したものである。

```
        y
CVCV
```

口蓋化は、語根を右から走査し、歯茎音に連結する。歯茎音が見つからない場合は、デフォルトとして左端の子音に連結する。/r/ の特殊性は、基層で歯茎素性が指定されていないからだと主張される。口蓋化は、/r/ を含むオノマトペに関しては、/r/ を通り過ぎて、その他の歯茎音を探すか、あるいは、デフォルトのパターンをとって左端の子音に連結するが、/r/ の前には C_1 にしか子音がないので、どちらにしても、C_1 が口蓋化されることになる。次は、「カチャ、チャカ、ピョコ、キョロ、ドシャ」を使ってこのプロセスを示す。

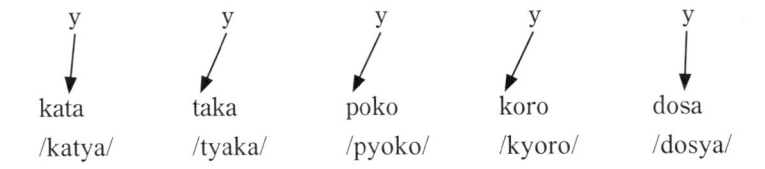

```
   y         y         y         y         y
   ↓         ↓         ↓         ↓         ↓
  kata      taka      poko      koro      dosa
 /katya/   /tyaka/   /pyoko/   /kyoro/   /dosya/
```

ただし、この分析には批判もある。まず、Schourup & Tamori (1992) は、音声学的な実験を通して、/r/ が口蓋化されないのは、日本語のオノマトペに限られたことではなく、普遍的に見られ、発声上の難しさがその原因になっていると指摘した。つまり、基層で歯茎素性が指定されていないというような音韻論的な説明は不要だとするわけである。

さらに、本書の著者は、Mester & Itô (1989) の「右から走査してはじめの歯茎音に連結」という部分に無理があることを、津軽方言のオノマトペを観察して気がついた。Mester & Itô の右からの走査という道具立ては、C_1 と C_2 の双方が歯茎音のものに、「ドシャ・ドシャ」しか想定していないことによる。しかし、津軽方言のオノマトペには、このタイプ以外に口蓋化が C_1 に起こっている「ヂャス・ヂャス」もあるのである。また、実は、共通語でも、「シャナリ」が存在する。そこで、より整合性のある説明は、語根の左端に口蓋化が現れる「シャナリ」「ヂャス・ヂャス」の方を普遍的に好まれるタイプとして、「ピョコ・ピョコ」と同様に扱い、「ドシャ」には、他の要因を考えることのように思える。このような考え方は、第5章で触れた最適性理論のように制約の階層を利用する考え方に通じ、それは、Schourup & Tamori (1992) の普遍的な発声上の困難さという指摘とも矛盾しない。

そこで、まず、最適性理論的に、オノマトペで有意味な次の3つの制約を使って口蓋化の分布を説明してみよう。口蓋化と母音の組み合わせの問題は後で扱う。

制約1: /r/ は口蓋化されてはならない。
制約2: 口蓋化は歯茎音以外に起こってはならない。
制約3: 口蓋化は、語根の左端以外の子音に起こってはならない。

これらの制約は、制約1、2、3、の順にランクされている。

最適性理論的には、基底に {y, poko} というような指定がされているオノマトペは、「*ポキョ」、「ピョコ」などになる可能性があると考えら

れる。そのうち、「*ポキョ」は、制約2、制約3に違反する。「ピョコ」も制約2には、違反するが、制約3には違反しないので、最適となり実際に使われる。

次に、{y, kusa}を考えよう。可能性のある「*キュサ」、「クシャ」のうち、「*キュサ」は、制約2に違反している。一方、「クシャ」は、制約2には、違反していない。そのため、制約2よりランクの低い制約3に違反していても、最適ということになる。

次は、{y, koro}を考えよう。「*コリョ」、「キョロ」のうち、「*コリョ」は、一番ランクが上の制約1に違反する。一方「キョロ」は、制約2には違反しているが、制約1には違反していない。そのため、「キョロ」が最適ということになる。

この考え方では、{y, sana-ri}は、「*サニャリ」、「シャナリ」の可能性がある。そのうち「*サニャリ」は、制約3に違反する。一方「シャナリ」は、3つの制約のどの制約にも違反しないので、最適ということになる。

それでは、「ドシャ」の存在はどう考えればいいだろうか。C_1とC_2の双方が歯茎音のものが共通語でも津軽方言でも少ないために何が原因か断定しにくいと思われるかもしれないが、著者は、Cyaを最適な口蓋化のパターンとし、他の音節のタイプを許さない制約が制約3の上にあることが理由だと考える。この考え方を適用すると、{y, dosa}は、「*ジョサ」「ドシャ」になる可能性があり、このうち、「*ジョサ」はこの新たに加えた音節に関する制約に違反することになる。一方、「ドシャ」は、音節に関する制約には違反せず、制約3だけに違反するために最適だとされる。

オノマトペにおいてCyaが最適な口蓋化のパターンであるという主張の根拠は、口蓋化と母音の分布に見出される。口蓋化された音節の種類には、Cya、Cyo、Cyuがあるが、この3種類は、みな同じように好まれるわけではない。Hamano(1998)の付録資料Dの重複形のオノマトペで口蓋化を含むもの87の母音を見直してみると、次のことが言える。

まず、Cya は、圧倒的に多く、53 例が Cya を含み、Cyo と Cyu は、それぞれ、27 例と 7 例である。さらに、53 例のうち、他の音節にも /a/、/o/、/u/ のみを含む 63 例について音節の組み合わせを調べてみると、以下の 2 つの表のようになる。まず、1 つ目の表では、第 1 音節に口蓋化を含むものをまとめてある。

第1音節＼第2音節	Ca	Co	Cu
Cya	6	1	2
Cyo	-	11	1
Cyu	-	-	6

この表は、例えば「チャカ」はあるが、「*チョカ」「*チュカ」は存在しないこと、また「チャポ」「チョポ」はあっても、「*チュポ」はありえないことを示している。

2 つ目の表では、第 2 音節に口蓋化が現れるものをまとめてある。

第1音節＼第2音節	Cya	Cyo	Cyu
Ca	8	-	-
Co	9	6	-
Cu	11	1	1

この表は、例えば「カチャ」はあるが、「*カチョ」「*カチュ」は存在しないこと、「コチャ」「コチョ」はあるが、「*コチュ」はありえないことを示している。

これをさらに一般化すると、上の 2 つの表が示しているのは、母音を a＞o＞u のようにランクすると、1 つの語根の中で一番ランクの高い母音が含まれる音節に口蓋化が現れるということである。こうして、「ドシャ」が制約 3 に違反するにも関わらず存在するのは、理にかなっていることが分かる。口蓋化に関して、「シャ」の母音 /a/ は、「ド」の母音 /o/ より高くランクされているからである。そして、音節内の母音

と口蓋化の関係に関する制約は、制約3よりも高くランクされた制約だと考えられるのである。

　上記の説明は、最適性理論の考え方を一部応用してみただけで、理論的に細かいところまで煮詰めてはいない。また、口蓋化が含まれているもので、C_1とC_2のどちらにも歯茎音がないものは、「ピョコ、ヒョコ」しかなく、これらは、V_1とV_2の母音が同じなので、母音と口蓋化の関係に関する制約が歯茎音以外にも有効なのかは、不明である。それでも、このように、制約の階層という考えで一般の語彙の音韻制約を説明する最適性理論がそのままオノマトペの口蓋化の分布についても適用できることは分かる。オノマトペは一般語彙と連続した領域にあり、一般的な音韻制約が適用されるのである。

　さらに注目すべきことは、このような制約は、音象徴とは全く関係がないことである。口蓋化は、例えば、「ピョコ」のようにC_1に現れてもいいし、「ガチャ」のようにC_2に現れてもいい。本書を通じて何度も見たようにオノマトペのC_1とC_2には、音象徴上の分化があって、C_1は、「物体の表面の質」、C_2は、「運動のタイプ」というように分かれている。しかし、口蓋化は、阻害音の運動の意味が類像的にC_2に現れるというような、音と意味の分布の関係とは、決定的に違う。また、口蓋化は、語全体の意味に関係するだけで、特定の音の意味に関係するわけではない。例えば、「ピョコ」では、C_1が口蓋化されているが、「緊張した表面」という意味だけに何らかの意味を加えるものではなく、語全体に「動きのたよりなさ」という意味を加えている。つまり、口蓋化は、音象徴的意味を持っているが、その分布は口蓋化の持つ音象徴上の意味、あるいは語の部分をなす音素の音象徴とは、無関係である。

6.1.4　漢語および和語との比較

　日本語の語彙は和語、オノマトペ、漢語、(漢語以外の)外来語の4つの層に通常分けられ、/r/は、和語、オノマトペの語頭には現れず、/p/は、和語の語頭には現れないとか、「人々」/hito-bito/などに見られる連濁は、和語中心の現象であるとか言うように、それぞれの層が音韻

的に特徴づけられている。そこで、口蓋化された子音を含む音節の種類も語彙層を特徴づけるのに使われてきた。

例えば、McCawley(1968)は、同一音節内での子音と母音の組み合わせを基準にして、次のように、語彙層を区別している。

	和語	漢語／オノマトペ	外来語
Cu	ある	ある	ある
Cyu		ある	ある
Co	ある	ある	ある
Cyo		ある	ある
Ca	ある	ある	ある
Cya	ある	ある	ある
Ce	ある	ある	ある
Cye			ある
Ci			ある
Cyi	ある	ある	ある

（McCawley 1968: 65）

ここで、注目したいのは、口蓋化の分布に関し、漢語とオノマトペを1つにまとめ、和語とは異なった分布状態を呈するものとする見方である。口蓋化の存在を漢字音の影響に求める考え方は、日本語音韻史研究でも伝統的である(例えば、奥村 1972)。実は、より詳しく見てみると、オノマトペの口蓋化は、漢語におけるそれとは全く異なり、意味も違えば、分布的にも独特の制約が存在するのである。

まず、先に見たように、オノマトペの口蓋化は、漢語での口蓋化には見られない音象徴的な意味を持っている。「カタカタ」に対する「カチャカチャ」、「コロコロ」に対する「キョロキョロ」、「トロトロ」に対する「チョロチョロ」などは、「音、運動、動作が雑音を含んだり、方向が定まらない、頼りない、あるいは子どもっぽい」という意味を持っている。口蓋化を含む漢語の「苦境(くきょう)、東京(とうきょう)」などにこのような音象徴的な意味が含まれていないことは言うまでもな

い。

　音韻的にも漢語の口蓋化とオノマトペの口蓋化の分布は、全く違う。漢語では、そもそも語根に対応するものが基本的に単音節で、CVCVタイプの語根に相当するものがない。日本語に入って第2音節が加えられた次のようなものでも、語頭のみに口蓋化が現れ、C_2の口蓋化はどこにも見られない。しかも、オノマトペでは許されない/r/の口蓋化が起こる。

　　　百　……ひゃく／びゃく
　　　出　……しゅつ
　　　術　……じゅつ
　　　力　……りょく

また、次のような2音節の単語を見ても、CVCVタイプのオノマトペのような口蓋化の制約が無関係なことは、明らかである。

　　　華奢……きゃしゃ（2箇所に口蓋化）
　　　恐竜……きょうりゅう（2箇所に口蓋化、/r/の口蓋化）
　　　苦境……くきょう（C_2の/k/の口蓋化）
　　　東京……とうきょう（/t/が口蓋化されず、C_2の/k/が口蓋化）

　漢語とオノマトペの口蓋化の違いは母音との結びつきにも見られる。漢語では、口蓋化は半数以上がオ行の音節で起こり（Cyo）、次にウ行が続き（Cyu）、ア行での口蓋化（Cya）は1割ほどでしかない。一方オノマトペでは、既に6.1.3で見たように、逆にア行音節の口蓋化（Cya）が半数以上を占める。

　このように、漢語の口蓋化とオノマトペの口蓋化は本質的に性格が異なる。2つの層の口蓋化は、全く別個のものであり、この2つの層をひとまとめに扱うのは適切でないということになる。

　さて、このような観点から、和語に目を移してみると、和語にはこの

2つの系統の口蓋化が含まれていることが分かる。1つは、オノマトペと共通の意味がなく、また、音韻特徴も共有しない次のようなものである。

　　今日（きょう　＜　けふ）
　　狩人（かりゅうど　＜　かりうど）

もう1つは、「子どもっぽさ」、「かわいらしさ」といった意味をオノマトペと共有する次のような語彙である。

　　はしゃぐ、しゃぶる、じゃれる、やんちゃ、あかちゃん、おしゃま、おちゃめ

これら後者の口蓋化を含む語彙は、意味だけでなく、オノマトペの口蓋化における歯茎音とア行音の優先という特徴も共有している。前者の口蓋化が漢語の影響下に発達したと想定できても、後者の語彙の口蓋化は、オノマトペと同様、漢語とは、独自に発達したと考えなければならないだろう。

　このように、オノマトペの口蓋化は、漢語の口蓋化とは起源を異にし、和語の口蓋化の1種と連続して、日本語音韻史の一部を成しているわけである。

6.2　両唇破裂音 /p, b/ の問題

　次に扱うのは、オノマトペに見られる両唇破裂音の分布の問題である。共通語の CVCV タイプのオノマトペにおいて、有声両唇破裂音 /b/ は、他の有声阻害音の分布とは異なり、語根内の2つの母音にはさまれた位置（以下ではオノマトペに関しては簡略化して C_2 で表す）に現れる。これは、両唇阻害音以外の阻害音では、一般に無声のものが現れる位置である。この奇妙な分布は、オノマトペの音象徴が、いわゆる「ハ行転呼現象」と交錯した結果であると主張するのが、以下の目的で

ある。

6.2.1 オノマトペの阻害音の有声無声の対立

　共通語のオノマトペの中で、意味の対立に関与する有声無声の対立、すなわち、阻害音の有声無声の対立は、一般に語根の頭に限られ、次の例で明らかなように、無声阻害音は、「軽いもの」、「弱い力」、有声阻害音は「重いもの」、「強い力」などを表す。これは、既に第2章で確認した通りである。

» (軽い)風船が<u>パン</u>と割れた。
» (重い)風船が<u>バン</u>と割れた。

» 背中を、(軽く)<u>トン</u>と叩いた。
» 背中を、(強く)<u>ドン</u>と叩いた。

» 道に清めの塩を<u>サラサラ</u>と撒いた。
» 道に砂を<u>ザラザラ</u>と撒いた。

» ドアが、<u>カタッ</u>と(小さな)音をたてた。
» ドアが、<u>ガタッ</u>と(大きな)音をたてた。

　しかし、CVCVタイプの C_2 に現れる阻害音は、有声であれ無声であれ、上記のような意味の対立に寄与せず、さらに、両唇破裂音 /p, b/ とその他の阻害音 /t, d, s, z, k, g/ の間に、有声音と無声音の分布をめぐって、大きな違いがある。

　まず、無声阻害音 /t, s, k/ と有声阻害音 /d, z, g/ の対立が C_2 で意味の対立に寄与するような次の例は例外である。しかも、その対立は、語根の頭でのように明確でシステマティックな意味の対立ではない。

» 鼻が、グスグスする。
» グズグズしないで、さっさと仕事をしろ。

» 煙が、モクモク出てくる。
» 何か、モグモグ言っている。

さらに、/t, s, k/ と /d, z, g/ では、C_2 での使用頻度に大きな違いがあり、この環境では、無声阻害音 /t, s, k/ が基本だと言える。Hamano (1998) の付録資料 B では、無声阻害音 /t, s, k/ が C_2 に現れる重複形のオノマトペが、178 例あるのに対して、有声阻害音 /d, z, g/ が C_2 に現れるものは、次の 26 例に限られる。また、後で見る、有声両唇破裂音 /b/ の場合とは違って、大半が C_1 に共鳴音を持つか母音で始まるという特徴が見られる。

C_1 が共鳴音を持つか母音で始まる
　マジマジ、マザマザ、モジモジ、モゾモゾ、ムズムズ、マゴマゴ、モゴモゴ、モグモグ、オドオド、イジイジ、オジオジ、オズオズ、ウジウジ、ウズウズ

その他
　フガフガ、タドタド、タジタジ、トゲトゲ、シズシズ、シゲシゲ、スゴスゴ、クダクダ、クドクド、グダグダ、ギザギザ、グズグズ

こうして、/t, d, s, z, k, g/ に関する限り、阻害音の有声無声の対立は基本的に C_1 に限られ、C_2 では有声無声の対立は中和され、無声阻害音が基本であると言ってよい。また、C_1 に共鳴音を持つか母音で始まり母音間に有声阻害音を持つものは、Mester & Itô (1989) が指摘するように、弁別素性としての有声性が共鳴音や母音には連結できないために、C_2 に移動したと見てもよさそうである。

6.2.2 両唇破裂音 /p, b/ の特殊性

上述の、C_2 では有声無声の対立は中和され、無声阻害音が基本であるという一般化は、実は、両唇破裂音については、そのままでは、あてはまらない。確かに語根の頭では、両唇破裂音も他の阻害音にならい、有声両唇破裂音が「強さ」や「重さ」を意味する。

» 風船が、パンと割れた。
» 風船が、バンと割れた。

» 雨が、パラパラ降ってきた。
» 雨が、バラバラ降ってきた。

しかし、C_2 になると、状況は全く異なり、無声音と有声音の関係が他の阻害音での関係の逆になる。つまり、「スパスパ、スパッ」のような例も若干あることはあるが、「ズバズバ、ズバッ、サバサバ、チョボチョボ」のように有声両唇破裂音 /b/ を C_2 に含むものの方が基本になる。次は、Hamano (1998) の付録資料 B に含まれた C_2 に /p/ と /b/ を含む重複形タイプのオノマトペである。

C_2 に /p/ を含むもの
　タポタポ、シパシパ、スパスパ、スポスポ

C_2 に /b/ を含むもの
　チビチビ、トボトボ、デブデブ、ダバダバ、ダボダボ、ダブダブ、ドドドボ、ドブドブ、シブシブ、サバサバ、スベスベ、ザバザバ、ザブザブ、ズバズバ、ズボズボ、ズブズブ、ネバネバ、ノビノビ、ヨボヨボ、キビキビ、ケバケバ、カボカボ、ゲボゲボ、ゲブゲブ、ガバガバ、ガボガボ、ガブガブ、ゴボゴボ

つまり、/p/ を C_2 に含むものは、4 例だけで、/b/ を含むものは、28

例である。そして、後者のうち、共鳴音を C_1 に持つか母音で始まるものは、「ネバネバ、ノビノビ、ヨボヨボ」しかない。そこで、C_2 の /b/ の有声性は、語頭から移動したとも考えられない。母音間の両唇破裂音の分布は、独特である。

さて、両唇破裂音の特殊性は他の点にも見られる。共通語のオノマトペでは、一般に有声無声の対立は1つの語根につき1度限りのはずだが、この原則にはずれるものがある。これらの例外のほとんどは、「ガバガバ、ズバズバ、ゴボゴボ」など、有声両唇破裂音 /b/ を C_2 に含むものである。

C_2 に /b/ を含むもの
　　デブデブ、ダバダバ、ダボダボ、ダブダブ、ドボドボ、ドブドブ、
　　ザバザバ、ザブザブ、ズバズバ、ズボズボ、ズブズブ、ゲボゲボ、
　　ゲブゲブ、ガバガバ、ガボガボ、ガブガブ、ゴボゴボ

C_2 に他の有声阻害音を含むもの
　　グダグダ、ギザギザ、グズグズ

さらにもう1つ奇妙なことがある。「リ形」のオノマトペでは、強調の接中辞の異形「ッ」を挿入することによって、意味を強めることができることは、既に見た。この派生法は、全ての語根に規則的に起こるわけではないが、それでも、例えば、「ガクガク、ガクリ」に対応する「ガックリ」、「バサバサ、バサリ」に対応する「バッサリ」、「キチキチ」に対応する「キッチリ」、「ギシギシ」に対応する「ギッシリ」など、数多くのオノマトペに使われる。この接中辞が、「グス、グシャ、ガク、バサ、キチ、ギシ」のように、C_2 に両唇破裂音以外の阻害音が含まれている語根に加えられる場合、「リ形」の強調形と重複形との間で有声音と無声音が交替することはない。つまり、例えば「バッサリ」「キッチリ」は、それぞれ、「バサバサ」「キチキチ」と対応し、「*バザバザ」「*キジキジ」のようなオノマトペは存在しない。ところが、両唇破裂音

の場合に限り、「サバサバ」に対応する「サッパリ」、「チョビチョビ」に対応する「チョッピリ」のように、有声音 /b/ と無声音 /p/ は、意味的に関連するオノマトペの間で交替する。この例は、他にも、下のようにかなりある。

　　　デブデブ　　デップリ
　　　ドブドブ　　ドップリ
　　　ズバズバ　　スッパリ
　　　ズボズボ　　ズッポリ
　　　ガボガボ　　ガッポリ
　　　ガブガブ　　ガップリ

　これらの事実はみな、C_2 に現れる /b/ の有標性を物語っている。そして、それを説明するには、C_2 に現れる /b/ が、実は深層の /p/ に由来すると解釈するのが最も納得がいく。この解釈をさらに強めるのは、疑いなく深層でも C_2 に有声阻害音を含むと考えられる語根の強調形のあり方である。下記の強調形は、「ウザ、アグ、ノビ、コガ」という語根から派生されると考えられる。

　　　ウンザリ　　（ウザウザ）
　　　アングリ　　（アグアグ）
　　　ノンビリ　　（ノビノビ　＜　伸びる）
　　　コンガリ　　（こげる）

この類は、/p/ を語頭に持つものはなく、しかも例は非常に少ないという点で、典型的なオノマトペとは言えないのだが、強調形であることには間違いない。これらにおいては、強調の接中辞は、「ン」として現れる。このことは、これらの語根の C_2 が深層でも有声であることを示している。このうち、特に注目すべきなのは、「ノビノビ」と「リ形」の「ノンビリ」の対応である。この対応において、/b/ が /p/ と交替するこ

とはない。深層の /b/ は表層で /p/ になることはないのである。その点、/p/ と交替する /b/ は特異であり、やはり、深層では /p/ であると考えられる。

6.2.2　母音間の有声両唇破裂音 /b/ の音韻史的説明

　以上の状況に対して、Hamano(1998, 2000) は、音韻史の観点から、オノマトペに見られる奇妙な両唇破裂音の分布が、実は、オノマトペの音象徴的動機が、日本語の歴史で起こったハ行転呼現象と交錯した産物である、と主張した。

　一般に、ハ行転呼とは、古語の「あはず」が「あわず」に変わったように、母音間のハ行音がワ行音へ変化した現象だと説明されている(奥村 1972; 小松 1981)。これを音声学的に説明し直すと、古代日本語に存在した無声両唇破裂音 [p] が、下記のように、母音間では、無声摩擦音 [ɸ] を経て、[w] に変わったということになる。

　　　母音間で：　p　＞　ɸ　＞　w

これは、日本語に起こった唇音の弱化のプロセスの一部であると考えられている。

　この考え方は、一般に中央の方言において、いわゆる「濁音」は鼻音化された阻害音であったが、「清音」は無声音であり続けたという考えに支えられている。これに対して、Wenck(1959)、早田(1977)、高山(1993) らは異論をとなえ、母音間の「清音」は、実は現在の津軽方言に観察されるように、過去のある時期において有声音であったと主張している。つまり、ハ行転呼の従来の解釈が、古代日本語に存在した無声両唇破裂音 [p] が、語頭では無声摩擦音 [ɸ] を経て [h] に変わり、母音間では [ɸ] を経て、[w] に変わったとするのに対して、Wenck(1959) らは、その後半のプロセスの不自然さを指摘し、母音間の無声両唇破裂音 [p] は有声両唇破裂音 [b]、有声両唇摩擦音 [β] を経て [w] に変わったと主張するのである。これをまとめると次のようになる。

母音間で： p ＞ b ＞ β ＞ w

　オノマトペの両唇破裂音 /p/、/b/ の奇妙な分布を、このハ行転呼現象の解釈に照らし合わせて考えると、オノマトペの語根でも、かつては [p] が他の無声阻害音と同じように母音間で使われたが、ハ行転呼すなわち母音間の唇音の弱化が進行する中、一般語彙と同じように、[b] に変わったと解釈できる。ただし、オノマトペの場合は、それ以上の唇音の弱化は起こらなかった。（ついでながら、この解釈は、Hamano(1998) とは、違う。Hamano(1998) は、伝統的な従来のハ行転呼の解釈を取り入れたため、唇音の弱化が進行する中、オノマトペでは、独自に [p] が [b] に変わったと結論付けた。）

　/p/ と /b/ の相補分布に相応するものが他の阻害音には認められないことも、以上の説、すなわち、問題の現象へのハ行転呼の関与を支持するものである。那須(1999a) は、「ガバガバ」のタイプが「ガパガパ」のタイプより多く存在することを、普遍的な音韻論的制約を使って捉えている。しかし、「ガバガバ」のタイプに当たるもので、/b/ 以外の有声阻害音が C_2 に現れるものがほとんどないことは、単に普遍的な音韻制約からだけでは説明できない。/b/ に特有の事情、つまり /b/ だけに起こった歴史的な音韻変化、ハ行転呼の役割を認めることが必要なのである。

　ところで、上記の解釈に対して、無声両唇破裂音 /p/ がオノマトペ語根の母音間にないのは、[p] は、ハ行転呼のため [w] に変わったのだから当然だという反論がなされるかもしれない。しかし、共通語のオノマトペ語根の中で、母音間に /w/ を含む 9 例「プワ、ブワ、フワ、サワ、ソワ、ジワ、ザワ、グワ、ゴワ」のうち、「フワ」「ジワ」のような語根は「フンワリ」「ジンワリ」と意味上の関係がある。仮にこれが「*フパ」「*ジパ」に由来するのだとすれば「リ形」は「*フッパリ」「*ジッパリ」のはずだが、それは存在しない。したがって、これらの語根の /w/ は両唇破裂音に直接由来するとは考えられない。そこで、その他の 7 例を全て、[p] に由来すると見ても、その数は、有声両唇破裂音を持

つものの総数に及ばない。やはり、オノマトペの [p] は、[b] に変わって、それ以上は変化しなかったと見るべきであろう。

6.2.3 音韻変化での音象徴の役割

　以上の主張は、言い換えれば、次のような主張である。すなわち、唇音の弱化現象は一般語彙でもオノマトペでも、基本的に同じ現象であるが、オノマトペ語根の母音間の両唇破裂音には、何か一般語彙にはない、特殊な理由があって、そのために弱化が [b] 以降進行せず、[β] を経て [w] に変わることはなかった。この特殊な理由として考えられるのは、当然、両唇破裂音の音象徴的機能である。

　本書では、既に、音象徴的な動機と音韻論的な制約が交差している例をいくつか見てきた。歴史的な音韻変化に関しても、オノマトペでは、一般的な音韻変化に音象徴的な動機が加わって独特の過程をとったと見て不思議ではない。そこで、両唇破裂音の音象徴的な役割を見直してみよう。

　第 2 章でも見たように、CVCV タイプのオノマトペ語根の母音間の位置、つまり C_2 では、破裂音と摩擦音に、はっきりした意味の対立がある。この位置で、破裂音が、「爆発、断固とした態度、衝突、強い衝撃」などを示すのに対し、摩擦音は、「摩擦、穏やかな衝撃」というような意味がある。次の例は、この対立を示している。

» 引き出しが<u>ガタッ</u>と落ちてきた。
» 新聞紙の束が<u>ガサッ</u>と落ちてきた。

このような、C_2 の持つ運動の意味が、オノマトペの音象徴で中核的なものであることは、本書を通じて様々のコンテキストで確認した。第 5 章で見た「ペチャクチャ、ボスカス、チラホラ、デコボコ、ドタバタ、ウロチョロ」などが、近似した運動のオノマトペを組み合わせたもので、そのため同じ音を C_2 に持っていることなども、C_2 の認知的な重要性をうかがわせるものである。

とすると、一般語彙で母音間の唇音の弱化がハ行転呼という形をとり、破裂音が摩擦音に変化しても、オノマトペの中ではそれを許すわけにはいかなかったのは当然である。オノマトペの中で、C_2 の音象徴は、言わば、絶対的であったのである。(ただし、これは、ハ行転呼の結果の /w/ を「フワ」などで、新たな音象徴に使った可能性を否定するものではない。)

　以上の説明は、特別の理由がない限り、オノマトペも一般語彙も同じ音韻制約を受け、しかも、変異は最小限度にとどまるという前提に立っている。この論理が行き着くところは、つまり、オノマトペの中に起こった [p] から [b] への変化は、一般語彙にも起こっただろうということである。というのは、[b] から先の弱化を妨げたのはオノマトペに特有の音象徴的動機だったとしても、[p] から [b] への変化には、何らオノマトペに特有な動機はないからである。オノマトペに、[p] から [b] への変化を起こしておきながら、一般語彙では、[p] から [ɸ] の変化を起こしたというような音韻変化の動機は考えられないのである。こうして、オノマトペに見つかった唇音の奇妙な分布は、Wenck(1959) らの仮説と整合する事実であり、日本語の音韻史を考える上でも有意義だということになる。オノマトペは、日本語の音韻構造とその歴史を理解する上で独特の視点を提供してくれるのである。

おわりに

　本書の目的は、日本語話者が日常的に何気なく使っているオノマトペが、いかに豊かな構造的特徴を持っているかを明らかにすることであった。その中で特に著者が達成できたと考えているのは、次のようなことである。

　まず、オノマトペの2つの語根タイプを明らかにし、語根の種類と語根内での位置による意味の分化を軸に分析をすすめた。そして、これによってオノマトペの様々な音象徴的・音韻的特徴をより正確につかむことが可能になることを示せた。

　さらに、意味の拡張に関して、日本語のオノマトペのシステムでは、具象的なレベルでは、運動の音象徴が中核を占めること、メタファーによる意味の拡張は運動の音象徴を軸にすることを明らかにした。一方、メトニミーによる拡張は、運動の音象徴を弱める方向で進行することも分かった。この視点によって、擬音語が多く、ある意味で最もオノマトペ的だと思われがちなCVタイプが、音象徴とは関係のなさそうな程度副詞を多く生産するというパラドックスも解決した。

　また、オノマトペと和語の近さについても、様々な方向から検討した。例えば、一般語彙の中にも音象徴的な要素が見られると同時に、「する動詞」、「つく／めく動詞」、形容動詞など、語彙化したオノマトペの特性の1つとして、一般言語的な意味上の制約や形態的制約が、自律的に作用するということを処々で指摘した。また、自律的な音韻制約は、一般語彙化したオノマトペに限らず、副詞用法のオノマトペにも見られることを確認した。一方、オノマトペの音象徴的な動機が言語的な制約と競合していることにも着目し、日本語の音韻の歴史でも、オノマトペは、一般語彙の音韻変化と密接な関係を持ちつつ、独特の対応をしてきたということを、オノマトペの2つの音韻特徴を根拠に主張した。

　このように、日本語のオノマトペは、恣意的な記号組織としての言語

の対極にあるのではなく、非常に構造的であり、音象徴の言語化という一見矛盾するかに見える性質を含む、一般語彙に隣接する組織であることが分かった。

　本書のもう1つの目的は、方言のオノマトペの重要性を指摘することであった。これは、津軽方言に関する資料が共通語の資料に欠けている部分を補えることを示すことで部分的に達成した。しかし、方言資料は、単に共通語の資料を補うために使われるだけでなく、特にオノマトペのように組織的な体系の場合、個々の方言について個別の体系として深く研究される必要があると著者は考えている。例えば、本書の第6章で扱ったオノマトペでの阻害音の有声無声の対立に関しても、津軽方言は共通語とは異なったパターンを見せる（浜野 2013）。特に、津軽方言のオノマトペでの両唇阻害音の分布は、共通語とは全く違い、他の阻害音の分布と何ら変わらない。つまり、「ネタネタ」があるように、「ネパネパ」もある。さらに、津軽方言では、例えば、「ポキポキ」＜「ボキボキ」＜「ボギボギ」というように、有声無声の対立を3段階に使って、意味を強めることが可能である。これらの事実を理解するためには、津軽方言の音韻組織、音韻史とオノマトペの体系を結びつけて考える必要があるだろう。また、方言のオノマトペに見られるアクセントの体系的研究も、全く未踏の領域である。読者が、各地の方言について、様々な興味ある事実を新たに発見してくださることを期待して筆をおくことにする。

参考文献

Akita, K. (2009). *A grammar of sound-symbolic words in Japanese: Theoretical approaches to iconic and lexical properties of mimetics.* (Unpublished doctoral dissertation). Kobe University, Kobe.

浅野千鶴子(編)(1978).『オノマトペ辞典』角川書店.

Asano, M. (2003). The optionality of the quotative particle *-to* in Japanese mimetics. In W. McClure (Ed.), *Japanese/Korean Linguistics 12* (pp. 91-102). Stanford, CA: CSLI Publications.

Chang, A. C. (1990). *A thesaurus of Japanese mimesis and onomatopoeia: Usage by categories.* Tokyo: Taishukan.

Dingemanse, M. (2012). Advances in the cross-linguistic study of ideophones. *Language and Linguistics Compass* 6 (10): 654-672.

Frellesvig, B. (2011). *A history of the Japanese language.* Cambridge: Cambridge University Press.

Hamano, S. (1986). *The sound-symbolic system of Japanese.* (Unpublished doctoral dissertation). University of Florida, Gainsville.

Hamano, S. (1998). *The sound-symbolic system of Japanese.* Stanford, CA: CSLI/ Tokyo: Kurosio.

Hamano, S. (2000). Voicing of obstruents in Old Japanese: Evidence from the sound-symbolic stratum. *Journal of East Asian Linguistics* 9: 207-225.

浜野祥子(2013).「方言における擬音語・擬態語の体系的研究の意義」篠原和子・宇野良子(編)『オノマトペ研究の射程―近づく音と意味』pp. 133-147. ひつじ書房.

早田輝洋(1977).「生成アクセント論」『岩波講座日本語5 音韻』pp. 323-360. 岩波書店.

Hinton, L., Nichols, J., & Ohala, J. J. (Eds.). (1994). *Sound symbolism.* Cambridge: Cambridge University Press.

平山輝夫(編)(1982).『北奥方言基礎語彙の綜合的研究』桜楓社.

井上加寿子(2013).「オノマトペの多義性と創造性」篠原和子・宇野良子(編)『オノマトペ研究の射程―近づく音と意味』pp. 203-216. ひつじ書房.

井上史雄(1998)『日本語ウォッチング』岩波書店.

Itô, J., & Mester, A.(1995). Japanese phonology. In J. A. Goldsmith.(Ed.), *The handbook of phonological theory* (pp. 817-838). Cambridge, MA: Blackwell.

影山太郎(2005).「擬態語動詞の語彙概念構造」第2回中日理論言語学研究会発表.

Kageyama, T.(2007). Explorations in the conceptual semantics of mimetic verbs. In B. Frellesvig, M. Shibatani, & J. Smith.(Eds.), *Current issues in the history and structures of Japanese* (pp. 27-82). Tokyo: Kurosio.

Kakehi, I., Tamori, I., & Schourup, L.(Eds.).(1996). *Dictionary of iconic expressions in Japanese*. Berlin: Mouton de Gruyter.

小松英雄(1981).『日本語の世界7　日本語の音韻』中央公論新社.

Kövecsces, Z.(2010). *Metaphor*. New York, NY: Oxford University Press.

Lakoff, G., & Johnson, M.(1980). *Metaphors we live by*. Chicago, IL: University of Chicago Press.

Lakoff, G., & Nunez, R.(2000). *Where mathematics comes from: How the embodied mind brings mathematics into being*. New York, NY: Basic Books.

呂佳蓉(2003).「オノマトペの多義性に関するスキーマ的分析」『言語科学論集』9: 83-117. 京都大学.

McCarthy, J., & Prince, A.(1993a). Generalized alignment. In G. E. Booij & J. Van Marle(Eds.), *Yearbook of morphology 1993*(pp. 79-153). Dordrecht: Kluwer.

McCarthy, J., & Prince, A.(1993b). Prosodic morphology I: Constraint interaction and satisfaction. Ms., University of Massachusetts, Amherst & Rutgers University, New Brunswick.

McCawley, J.(1968). *The phonological component of a grammar of Japanese*. The Hague: Mouton.

Mester, A., & Itô, J.(1989). Feature predictability and underspecification: Palatal prosody in Japanese mimetics. *Language* 65: 258-293.

那須昭夫(1995).「オノマトペの形態に要求される韻律条件」『音声学会会報』

209: 9-20.

那須昭夫(1999a).「オノマトペにおける有声化と [p] の有標性」『音声研究』3(3): 1-23.

那須昭夫(1999b).「強調化と特殊モーラの選択」PAIK1999 口頭発表.

那須昭夫（1999c).「重複形オノマトペの強調形態と有標性」『日本語・日本文化研究』9: 13-25.

那須昭夫(2000).『オノマトペにおける助詞「と」の韻律化─主要部フットの非終端性とアクセント』PAIK 2000 口頭発表.

那須昭夫(2002).『日本語オノマトペの語形成と韻律構造』筑波大学博士論文.

那須昭夫(2004a).「韻律接中辞と左接性─日本語オノマトペの強調語形成」『日本語と日本文学』38: 1-14.

那須昭夫(2004b).「接辞反復形オノマトペと語形成ネットワーク」窪薗晴夫（編）『プロソディーの多様性と普遍性に関する総合的研究2』pp. 49-63. 科学研究費補助金(基盤研究(B)(1))研究成果報告.

奥村三雄(1972).「古代の音韻」中田祝夫(編)『講座国語史2　音韻史・文字史』pp. 63-171. 大修館書店.

大澤理英(2006).「中古〜中世の「〜メク」におけるオノマトペの比喩による意味拡張について─感覚・感情を表す事例の分析」『日本語教育研究』11: 105-119. 高麗大学校.

Poser, W.（1990). Evidence for foot structure in Japanese. *Language* 66: 78-105.

Prince, A., & Smolensky, P.（1993). Optimality theory: Constraint interaction in generative grammar. Ms., Rutgers University, New Brunswick & University of Colorado, Boulder.

佐々木隆次(1972).『擬声語・擬態語語彙集─旧青森市方言』私家版.

Schourup, L., & Tamori, I.（1992). Japanese palatalization in relation to theories of restricted underspecification. *Gengo Kenkyu* 101: 107-145.

瀬戸賢一(1995).『メタファー思考』講談社.

篠原和子・宇野良子(編)(2013).『オノマトペ研究の射程─近づく音と意味』ひつじ書房.

鈴木陽子(2013).「インタラクションのなかで使われる『オノマトペ+する』動詞」篠原和子・宇野良子(編)『オノマトペ研究の射程─近づく音と意味』

pp. 167-181. ひつじ書房.

高山倫明(1993).「連濁と連声濁」『訓点と訓点資料』88: 115-124.

田守育啓(1983).「オノマトペ―音韻形態と語彙性」『人文論集』19(2): 63-85. 神戸商科大学.

田守育啓・ローレンス＝スコウラップ(1999).『オノマトペ―形態と意味』くろしお出版.

Vance, T. J. (2008). *The sounds of Japanese*. Cambridge: Cambridge University Press.

Ward, N. (1998). The relationship between sound and meaning in Japanese back-channel grunts. In *Proceedings of the 4th Annual Meeting of the Association for Natural Language Processing*, 464-467.

Ward, N. (2001). Sound symbolism *uh-huh*, *uh-hn*, *mm*, *uh* and the like. Presentation at the Annual Meeting of the Linguistics Society of America.

Wenck, G. (1959). *Japanische Phonetik, Volume 4*. Wiesbaden: Otto Harrasowitz.

辞書・コーパス等

国立国語研究所『現代日本語書き言葉均衡コーパス』
  http://www.ninjal.ac.jp/corpus_center/bccwj/

小学館国語辞典編集部『日本国語大辞典オンライン版』
  http://www.japanknowledge.com/

索　引

▶ 記号など
C_1とC_2の分化　10
CVCVタイプ　5, 8, 9, 15, 23, 26, 29, 33, 34, 35, 36, 37, 38, 46, 53, 55, 56, 65, 72, 73, 79, 83, 99, 102, 120, 124, 141, 151
CVX　7
CVタイプ　5, 6, 7, 9, 15, 22, 25, 28, 32, 33, 35, 36, 37, 38, 41, 53, 61, 86, 98, 100, 141
/e/の特殊性　43

▶ あ
アクセント　16, 58, 120, 126

▶ い
鋳型　128
異形　83
一般語彙　104, 160
一般語彙化　98, 112, 114, 118, 133
意図性　114
意味構造　7
意味の拡張　73
意味の分化　10, 20, 25, 46
引用の助詞　17, 98, 111, 127, 129, 134

▶ う
運動の意味　11

運動の音象徴　65
運動のメタファー　74

▶ お
オノマトペの認定　2
音韻制約　122, 124
音象徴　20
音象徴的機能　i, 159
音象徴的制約　133
音素の配列　5

▶ か
漢語　148

▶ き
擬音語　2, 6, 9, 60, 87
擬情語　2, 9, 112
擬声語　2
擬態語　2, 9, 112
共起制限　11
擬容語　2
強調　51
強調形　3
強調辞　134
共鳴音　153

▶ く
具象的な音象徴　6, 58, 72
具体性　114

▶け
形容(動)詞 13, 120, 124, 130

▶こ
語彙化 59, 111
語彙層 132, 149
口蓋化 38, 64, 105, 138
口蓋化の意味 138
口蓋化の分布 140
硬口蓋接近音 34
語根 5

▶さ
最適性理論 125, 145

▶し
恣意性 12
歯茎音 139, 141, 144
歯茎弾き音 38, 56, 142, 144
歯茎破裂音 25
歯茎鼻音 33
歯茎摩擦音 32
自動詞 113, 114
重音節 125
自律分節形態素 144
唇音の弱化 3, 157
深層の/p/ 156

▶す
する動詞 13, 60, 110, 120, 130

▶せ
制約 145
制約の階層化 125

接中辞 55, 83, 104, 121, 124, 134, 155, 156
接尾辞 57, 118, 121
狭母音 63

▶そ
阻害音 20, 152
促音 51, 52, 55, 104, 124, 134

▶た
第1子音(C_1) 5, 8
第1母音(V_1) 8
第2子音(C_2) 2, 5, 8, 11, 106, 151, 152, 159
第2母音(V_2) 8, 107
他動詞 113

▶ち
長音 51, 65
長音化 56, 130, 134
重複 57, 65, 104, 122
重複形 5, 111, 121, 124, 128
長母音化 134
陳述副詞 72

▶つ
津軽方言 3, 4, 9, 12, 13, 17, 22, 51, 56, 58, 82, 84, 85, 86, 103, 109, 118, 120, 131, 143, 145, 157, 162
つく動詞 13, 118

▶て
程度副詞 72, 84, 88, 95, 98

▶ と
動詞との共起 88

▶ な
軟口蓋破裂音 28

▶ に
二重母音 51
2拍の鋳型 6, 128

▶ は
ハ行転呼 151, 157
拍の挿入 51
撥音 7, 11, 51, 53, 55, 63, 104, 134

▶ ひ
広母音 63

▶ ふ
副詞用法 13, 72, 113
フット 6, 127

▶ へ
弁別素性 104

▶ ほ
方言資料 4, 162

▶ む
無アクセント 112, 120, 121
無アクセント化 133
無声阻害音 20, 152, 154
無声両唇破裂音 2
無標の構造 124

▶ め
めく動詞 118
メタファー 72, 73
メトニミー 72, 79, 90

▶ も
模倣性 9, 65, 72

▶ ゆ
有声化 105
有声阻害音 2, 5, 20, 152
有声無声の対立 20, 152, 154
有声両唇破裂音 151, 154
有声両唇摩擦音 157
有標の構造 124

▶ よ
幼児語 113, 139
4拍の鋳型 128

▶ り
リ形 83, 111, 122, 134, 155
両唇接近音 36
両唇破裂音 3, 22, 151, 154
両唇鼻音 37
両唇または声門摩擦音 35

▶ れ
連濁 3, 132, 148

▶ わ
和語 148

[著者]

浜野祥子（はまの・しょうこ）

東京大学教養学部卒業，フロリダ大学大学院博士課程修了。カリフォルニア大学サンタクルス校講師，ハーバード大学客員講師，ジョージ・ワシントン大学助教授，準教授を経て現在同大学教授。著書に，*The Sound-Symbolic System of Japanese*（1998, CSLI/くろしお出版），*Making Sense of Japanese Grammar*（共著，2002, University of Hawai'i Press），*Intermediate Japanese: Grammar and Workbook*（共著，2012, Routledge）など。

日本語のオノマトペ
──音象徴と構造──

2014年 7月15日　第1刷発行
2023年 1月30日　第3刷発行

著　者　　浜野　祥子

発　行　　株式会社　くろしお出版
　　　　　〒102-0084　東京都千代田区二番町4-3
　　　　　電話：03-6261-2867　FAX：03-6261-2879　WEB：www.9640.jp

装　丁　クリエイティブ・コンセプト　　印刷所　三秀舎

©Shoko Hamano, 2014, Printed in Japan
ISBN978-4-87424-623-8 C3081

本書の全部または一部を無断で複製することは，著作権法上での例外を除き禁じられています。